もっとヘンな名湯

ひなびた温泉研究所ショチョー　岩本　薫

みらいパブリッシング

ヘンなのに名湯という、そのギャップに萌えよ！

人はなぜかくもヘンなモノにココロ惹かれるのだろうか？　いや、だって、ヘンなものってヘンでしょ？　だから好きなんだよ。って、答えたくなるけれど、それじゃあ答えになっていない。いわゆるトートロジーだ。

思うにヘンなものにはある種の解放感みたいなものがあるような気がする。ヘンなものを目の前にしたときの、あの、心が放り出されたような妙な感じの正体はそれではないかと。普段、ボクたちは、常識とか、道徳心だとか、大人としてのあれこれだとか、いろんなものに縛られていて、無意識ながらにも息苦しさみたいなものを感じているんだと思う。そこで、ヘンなものが放つ、意味も価値も受け付けないようなオーラとか、そういうものに触れるとそのときだけ、そういうものから解放されるからではないだろうか？　ヘンなものによる意味の無化作用の賜物というべきか。

さて、本書は「ヘンな名湯」の続編である。「ヘンな名湯」を世に出したおかげで、

「こんなヘンな名湯もありますよ」とか「もっとヘンな名湯を知りたい」とか「シリーズ化してほしい」とか読者のみなさまからいろんなありがたい声をいただいた。いやはや、みなさんもヘンなもの、相当お好きですねぇ。

というわけで「もう一冊本が書けるほどネタがあるのかなぁ？」という不安もなかったわけでもないけれど、続編に向けての「ヘンな名湯」の新たな取材の旅がはじまった。そしてはじめたとたんに不安は吹き飛んだ。フタを開ければ、まだまだあるじゃないですか。さすがは温泉大国ニッポンだ。フトコロが深いなぁ。

前編を読まれていない方のためにちょっと説明しておくと、「ヘンな名湯」とはヘンな温泉なんだけど、湯はすこぶるいい、温泉マニアも太鼓判を押すような名湯だ。ヘンなのに湯がいい。つまりそのギャップに萌え萌えしちゃう温泉なのである。そんな温泉がぜんぶで三十四湯。前編の温泉を足せば、六十五湯。そんなにものたくさんの数の「ヘンな名湯」が日本全国であなたを待っているのだ。さぁ出かけよう。旅立とう。ディープでクセになる「ヘンな名湯」の世界へ。フツーの温泉なんかに入っている場合じゃないぞ。

ひなびた温泉研究所
ショチョー　岩本薫

ヘンな名湯 もくじ

今日もヘンな名湯求めて、東へ西へ！

❸北海道千歳市
ボーリングのピン温泉
祝梅温泉

❷北海道天塩郡
アンモニア臭温泉
天塩温泉夕映

❶北海道天塩郡
原油が混じった温泉
豊富温泉
ふれあいセンター

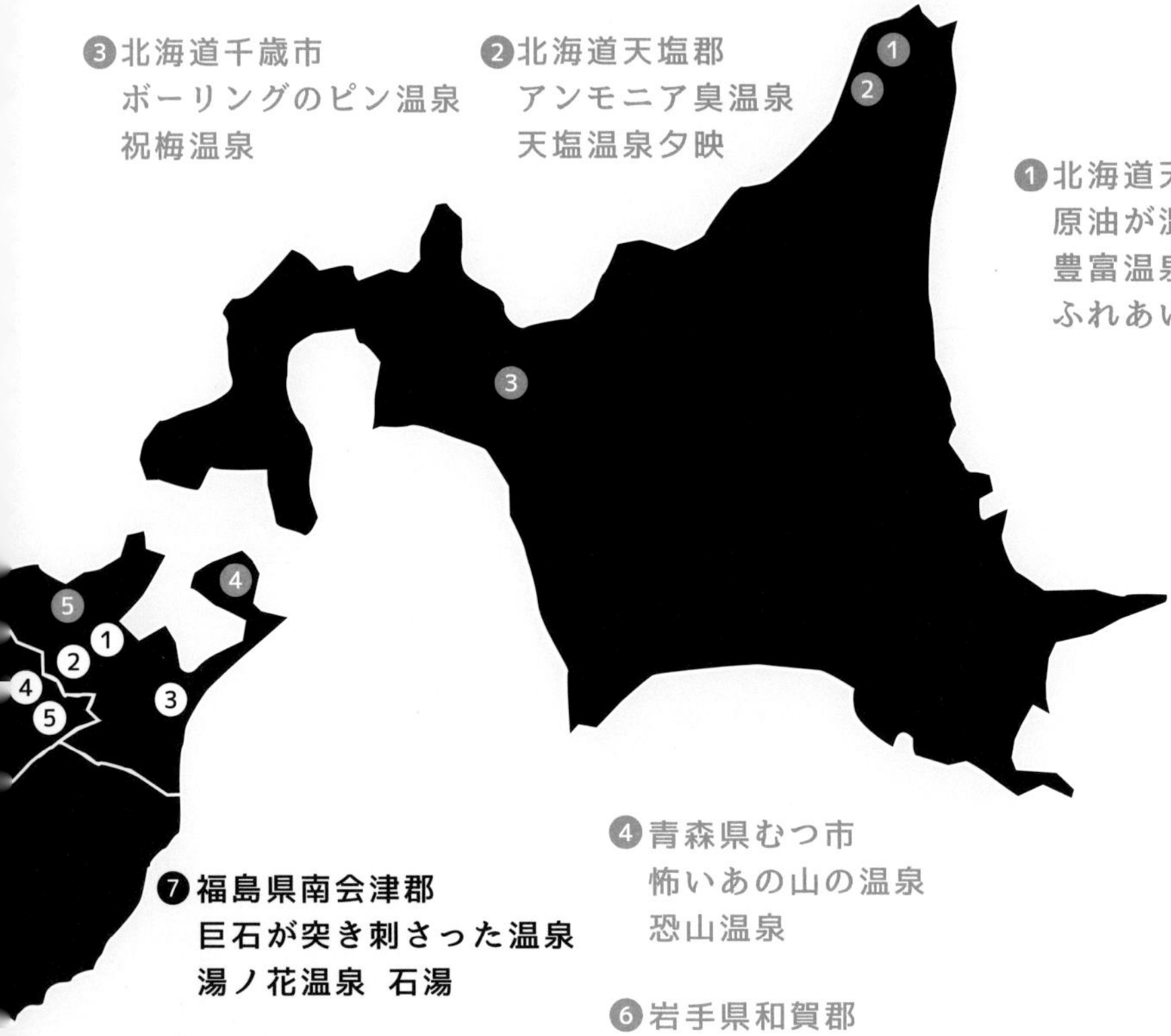

❹青森県むつ市
怖いあの山の温泉
恐山温泉

❻岩手県和賀郡
食堂の温泉
巣郷温泉 でめ金食堂

❼福島県南会津郡
電気屋さんの温泉
会津みなみ温泉 里の湯

❽福島県田村市
魚屋さんの温泉
丸一魚店　美山富士の湯

❾福島県いわき市
漁業用コンテナ温泉
二子浦温泉

❿栃木県那須郡
アルマゲドン温泉
老松温泉 喜楽旅館

❼福島県南会津郡
巨石が突き刺さった温泉
湯ノ花温泉 石湯

❽福島県須賀川市
貼り紙だらけ温泉
ひばり健康ランド

❾福島県耶麻郡
浴室に神社がある温泉
西山温泉 老沢温泉

❿福島県岩瀬郡
ヌルヌルで立てない温泉
新菊島温泉ホテル

⓫福島県西白河郡
巨大メンチ食堂温泉
いやさか食堂

⓬栃木県日光市
お寺の中の温泉
日光湯元温泉　温泉寺

あるあるある！
日本全国あちこち
ヘンな名湯が！

ぜんぶ制覇したい！

ヘンな名湯 全国マップ

薄いグレー表記の温泉は、前編の「ヘンな名湯」で取り上げた温泉です。

❹秋田県某所
ビニールハウス温泉
八九郎温泉

❺秋田県鹿角市
アパート温泉
十和田大湯温泉　白山荘

❻宮城県大崎市
阪神タイガース温泉
鳴子温泉　いさぜん旅館

❺青森県つがる市
自動車工場の温泉
光風温泉

❶青森県青森市
競輪場の温泉
青森競輪場温泉

❷青森県平川市
バスクリン温泉
新屋温泉

❸青森県上北郡
すっぽんも育つ温泉
すもも沢温泉郷

⓫栃木県那須郡
天狗の面がドン！温泉
北温泉　北温泉旅館

⓬栃木県那須塩原市
謎のスフィンクス温泉
ピラミッド元氣温泉

⓭栃木県日光市
屋形船温泉
鬼怒川温泉
鬼怒川仁王尊プラザ

⓮栃木県那須郡
膜張りメッセ温泉
柳沢鉱泉　清水屋

⓯群馬県利根郡
雑誌ムーに載った温泉
奈女沢温泉　釈迦の霊泉

⓰茨城県渋川市
謎仙人がいる温泉
袋田温泉　関所の湯

⓱茨城県常陸太田市
巨大〇器温泉
大菅温泉　元湯旅館

⓰千葉県館山市
じっちゃんの温泉
正木温泉

⓭茨城県北茨城市
トマトジュース温泉
湯の網温泉　鹿の湯松屋

⓯群馬県常陸太田市
教会の温泉
ハレルヤ山荘

⓮群馬県前橋市
じわり系カオス温泉
赤城温泉　御宿総本家

⑲山梨県甲府市
山梨なのに草津温泉
草津温泉

⑳山梨県笛吹市
ラーメン二番目温泉
石和温泉 銭湯石和温泉

㉑山梨県甲斐市
滝のようなかけ流し温泉
玉川温泉

㉒静岡県賀茂郡
学校のプール温泉
西伊豆町営 やまびこ荘

⑲長野県上田市
公民館の温泉
大塩温泉 大塩温泉館

㉒新潟県胎内市
巨大親鸞像温泉
西方の湯

⑳長野県下高井郡
まさかのローマ風呂
角間温泉 越後屋

㉓新潟県十日町市
おっぱいプシュー温泉
松之山温泉 白川屋
おっぱい風呂

⑱新潟県新潟市
石油臭い温泉
新津温泉

㉕愛知県愛西市
マネかれちゃう温泉
永和温泉 みそぎの湯

㉓愛知県常滑市
ギリシャおじさん温泉
坂井温泉 湯本館

㉖三重県桑名郡
生きた化石温泉
ゴールデンランド木曽岬温泉

㉔三重県松阪市
テニスコートの温泉
櫛田川温泉 魚見の湯

⑰神奈川県足柄下郡
釜飯屋さんの温泉
箱根仙石原温泉 かま家

⑱神奈川県足柄下郡
箱根なのにエロい温泉
箱根宮ノ下温泉 月廼屋旅館

㉑神奈川県厚木市
ゼロ磁場パワスポ温泉
七沢温泉 七沢荘

ぜんぶ制覇したい！

ヘンな名湯 全国マップ

薄いグレー表記の温泉は、前編の「ヘンな名湯」で取り上げた温泉です。

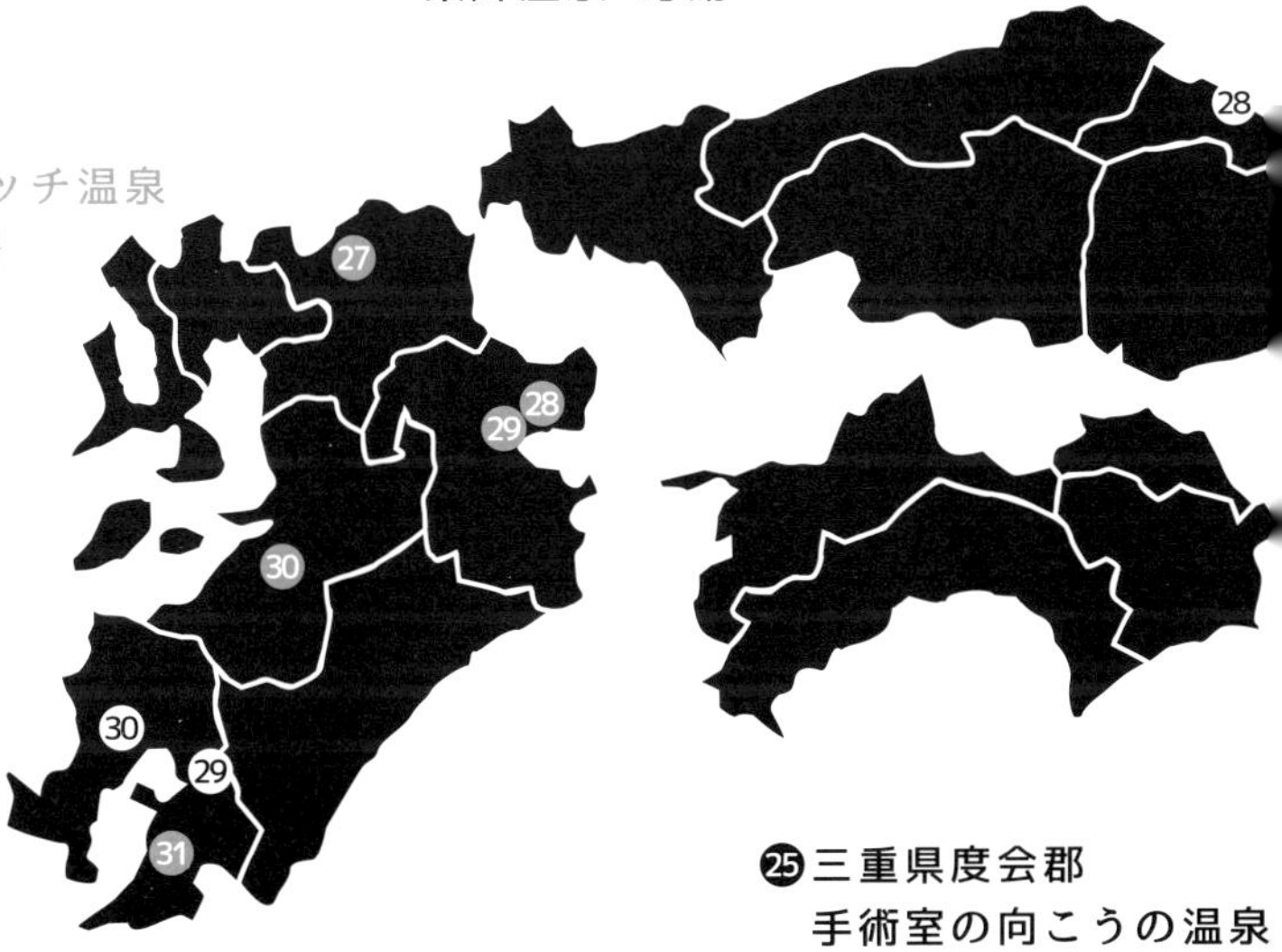

㉗石川県小松市
お寺の抜け殻の温泉
西圓寺温泉

㉔富山県砺波市
チンな水没温泉
庄川湯谷温泉

㉘鳥取県東伯郡
狭過ぎ通路温泉
東郷温泉 寿湯

㉗福岡県福岡市
襲いかかるアッチッチ温泉
博多温泉 元祖元湯

㉚熊本県葦北郡
地下の螺旋階段温泉
吉尾公衆浴場

㉛鹿児島県垂水市
牧場の名がつく温泉
テイエム牧場温泉

㉙鹿児島県某所
日本最古露天風呂
妙見温泉 和気湯

㉚鹿児島県薩摩川内市
世界一な温泉
市比野温泉
世界一温泉

㉘大分県速見郡
やけに黄色い温泉
赤松温泉

㉙大分県速見郡
建築現場温泉
明礬温泉
別府温泉保養ランド

㉕三重県度会郡
手術室の向こうの温泉
白龍温泉 中嶋医院

㉖和歌山県田辺市
川をせき止めた温泉
川湯温泉 仙人風呂

「ヘンな名湯」の楽しみかたは？

たとえば同じグルメでも美食グルメとB級グルメでは世界がかなり違う。美食グルメはうんちくタラタラの世界だし、何よりもお金がかかるから誰でもできるというわけではない。一方、B級グルメはつまらんことのたまっているよりもまずは食ってみろ的な世界で、お金もあまりかからないから誰でもできる。同じように普通の温泉巡りと「ヘンな名湯」巡りとは同じ温泉でも楽しみかたが違うのだ。まずはそんな話をひとつ。

ずばり結論からいえば、ほくそ笑むこと。それが「ヘンな名湯」の楽しみかたなのである。ほくそ笑むっていうのは、微笑むのとは違う。高笑いとも違う。なんていうか、もっと陰でひとり密かに笑うみたいな、そんなニュアンスの笑いかただ。温泉巡りの楽しみっていえば、まずもちろん温泉、それから宿の雰囲気や料理だったり、温泉街の情緒だったりと、そういうものだと思うけれど、「ヘンな名湯」の場合は「ヘンを楽しむ」という普通の温泉巡りにはない楽しみがある。この「ヘンを楽しむ」ことによって、その湯がめっちゃいい湯だったら、とてもラッキーな気分になる。だってねぇ、ヘンなのに湯がいいんですから。そ

ヘンであることにほくそ笑む。

名湯であることにほくそ笑む。

マイナーであることにほくそ笑む。

ヘンな名湯

それが、
ヘンな名湯の楽しみかただよ。

れって得した気分になれるでしょ？　さらにいえば、「ヘンな名湯」のほとんどがマイナーな温泉だから多くの人はそれを知らない。自分だけが知っている。教えたくない。

いや、教えたい。そんな相反する思いがせめぎ合う。

で、これらの気持ちは、やっぱり高笑いとかではなくって、ほくそ笑むようなことなのだ。ほくそ笑んでこそ、「ヘンな名湯」の魅力が浮き上がってくる。ぜひともみなさん、このケッタイな温泉本片手に「ヘンな名湯」を巡って、思う存分ほくそ笑んでくださいね。

良い湯
楽し湯
ありがとうございます
衣類をロッカーの中に入れ鍵をかけて下さい。
鍵を紛失しないように体に付けて下さい。紛失
しますと3,000円のところ2,000円負担と
なります。ご注意下さい。ごゆっくりお入り下さい。
ん？
普通じゃない予感が…
用後のタオル
お帰りの際この緑
ゴにお入れ下さい

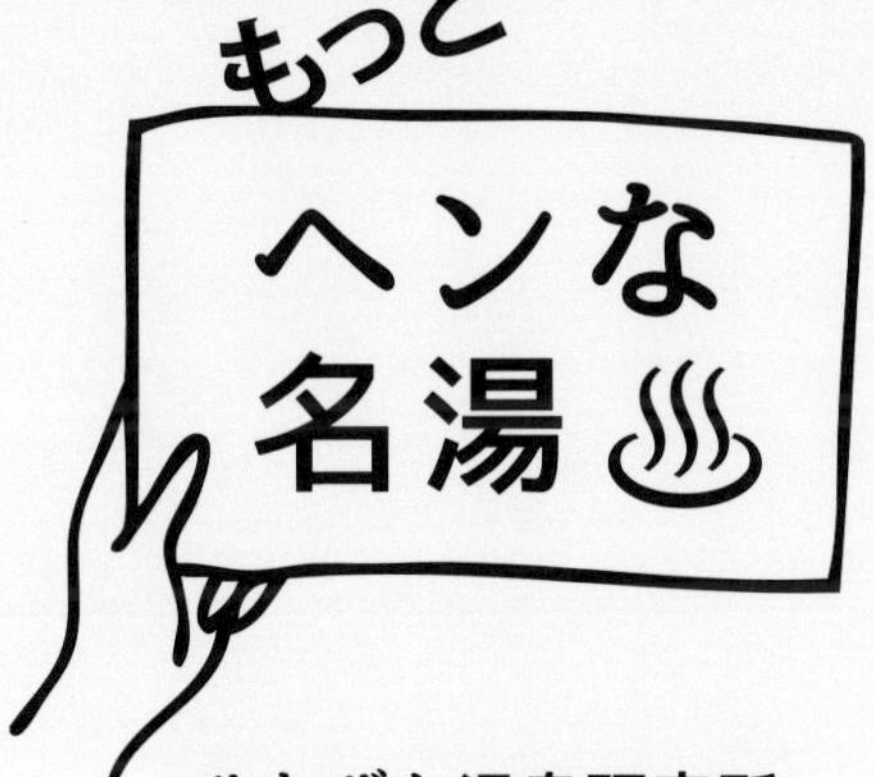

ひなびた温泉研究所
ショチョー　岩本 薫

競輪選手の疲れを癒やすために掘られたレア温泉。

ヘンな名湯

青森競輪場温泉　青森県

は〜い、
競輪場に
いらっしゃ〜い！

掘ればいい温泉がでることはわかっていた。そんな場所に競輪場があった。じゃあ、いつもがんばっている選手たちのために掘ってみよう。ほうら、いい温泉が出た出た！　と、ここの温泉をざっくりと説明すると、そういうことになる。かくして温泉がある競輪場「青森競輪場」が誕生したのだ。

だから温泉がある場所も、普段は競輪選手と関係者しか入れない選手管理棟の中だったりする。普段は一般の人は入れない。ところが、ところが、月に数回だけその温泉に入ることができるっていうのだから、これは入ってみたくなるではありませんか。

「青森競輪場温泉」の浴室は飾りっ気ゼロの無骨で簡素なものだった。そりゃあそうだろう、商業施設ではないんだから。でも逆にそのそっけない湯船に、いかにも効きそうな湯がはられているとこ

ろが不思議な迫力をたたえている。湯船も床も茶色く染まっている床からしてすごそうだ。浸かる前に、ああ、これはガツンとくる湯だなぁとわかるのだ。

で、実際浸かってみると、それがその通りであることがすぐにわかった。いやぁ、力がある湯だぞ。口に含んでみると猛烈にしょっぱく、苦く鉄っぽい。うっかり長湯なんかしたらヘロヘロになっちゃう濃厚な湯だ。でも、このくらい強力な湯であるからこそハードなレースや練習を終えた競輪の選手のみなさんの身体を癒せるんだろうなぁ。選手のみなさんも、この湯を楽しみにしているんだろう。アスリートの身体を癒す名湯。ものすごくレアでマニアックで、でもそれだけじゃない。こういう温泉こそね、浸かったことを自慢したくなるんだよねぇ。

そうそう、いい忘れたけども、ここの温泉に入るための方法もなかなかレアだったりする。普通の温泉のように入浴料を払って入るというのではない。なんてったってここは競輪場なんだから。なんとこの温泉に入るためにはレースの車券を購入しなければならない。最低金額である100円分車券を購入する。でもね、せっかく競輪場に来たんだから、100円だなんていっていないで、もっとガンと勝負してみません？　え？　競輪はじめてなんでわからないだって？　大丈夫、ほら、昔からビギナーズラックっていうやつがあるじゃありませんか。それに賭けてみましょうよ。なに、ダメだったらダメで、ちゃんと最後に素晴らしい温泉が癒してくれるのだから、ここはひとつ勝利の女神の微笑みを信じてみましょうよ。ネ。

クゥ～！
ガツンとくる湯だ！
疲れがとれる！
湯

ヘンな
名湯♨

青森競輪場温泉
泉質　ナトリウム - 塩化物強塩温泉
（高張性中性低温泉）
住所　青森県青森市新城平岡 1-1
電話　0197-82-2830
料金　温泉実施日に競輪場内で購入された車券（100 円～）を係員に提示
営業時間　12:00~17:00
定休日　指定開催日のみ、一般の人も入浴することができる（要確認）

ホームページで
温泉実施日をチェックしてね～！

湯船のフチの下に樋が通されてある。湯船からオーバーフローした湯がこの樋でキャッチされて排水されていく。これは珍しい。

浴室入ったとたん
目を奪われる、
エメラルドグリーンの湯。

これ、バスクリン®入れてません？ し、失礼な！ 正真正銘の天然温泉ですわ！

ヘンな名湯♨ 新屋温泉　青森県

温泉というのは、その湯の色も重要な要素だったりする。そして、それが天然の色だっていうところに驚きや感動があったりするのだ。だから、前にありましたねぇ、乳白色の湯で有名だった某温泉地の湯が薄くなってきたので、入浴剤を入れて湯の色を偽装したっていう事件。気持ちはわからなくはないけれど、あれはやってはいけなかった。

ところが青森県にまるで堂々とバスクリン®を入れているみたいな温泉がある。もちろん偽装ではない。正真正銘の天然温泉なのだ。

「新屋温泉」は日帰りの温泉施設だ。内湯の広い湯船がシンプルにひとつあるだけの温泉。その湯船に不自然なほどに澄んだ美しいエメラルドグリーンの湯がなみなみとかけ流しされている。しかも、この美しい湯は源泉１００％かけ流しで、油臭の混じった硫黄の香りが芳しい湯。浴感もとろりとやわらかく40度ぐらいの適温。もう、いうことなしの名湯なのだから、まったく世の中、油断できない。誰だ？　バスクリン®なんていったのは？　新屋温泉にいますぐ謝りなさい！　まったくもう。

そんな「新屋温泉」の湯は日によって色や香りが変化する。はい、それこそ自然の恵みである温泉の証なわけで、逆に我々はそういう変化を楽しむべきなのでしょう。お、今日はちょっと薄いな、とか。おおお！　今日はもろバスクリン®っぽいとか。

それにしても、こんな不思議な極上湯が、山奥とかではなく、町中にあって、銭湯のように気軽に入れるっていうんだから、いやぁ、青森ってすごいところです。

ちなみにバスクリン®って、なんであんな色をしているか知ってます？　実はあの色、爽やかさを演出しているんですね。バスクリン®には前身の商品「くすり湯 浴剤中将湯」という商品があって、これを風呂に入れて入浴するとよく身体が温まって、発売当時は大ヒットしたんだけど「夏に使うと風呂上りに体が温まりすぎる」なんてこともいわれたそうで、それならば夏にふさわしい爽やかな色の入浴剤はどうだろうと、バスクリン®が誕生したのだという。そう、バスクリン®って夏でも使える入浴剤として誕生したんです。いまじゃあ、さらに爽やかなバスクリンクール®なんていうのもあるけれど。ま、それはさておき、バスクリン®？　って思っちゃうほどの天然の名湯である「新屋温泉」。温泉好きなら一度は入っておきたい温泉なのだ。

ここはまさに街の中の
秘湯と呼びたい！

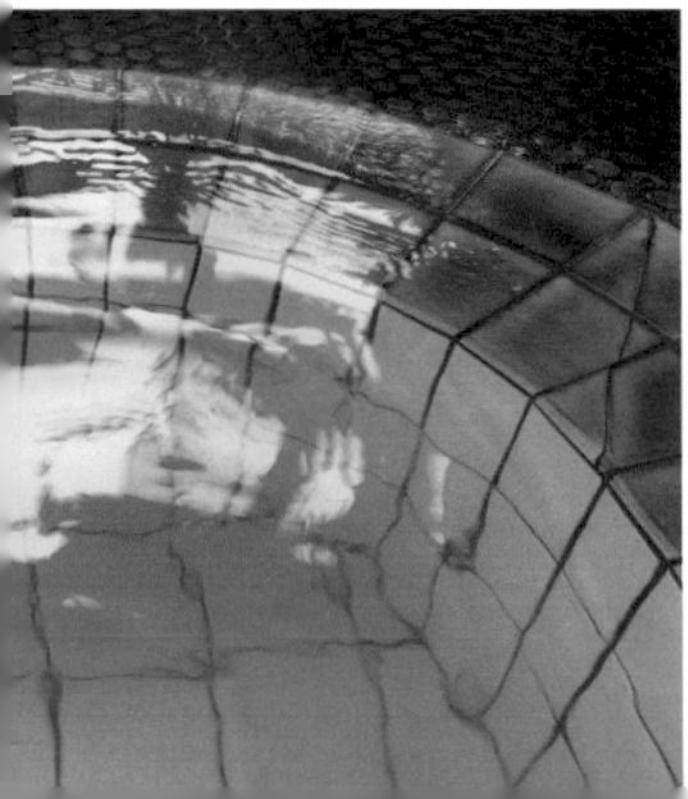

美しいなぁと
湯口に見とれてる
自分がいる……

湯船の真ん中のパイプから源泉がかけ流しされるという珍しい湯口。

浴槽の沈殿物は温泉の成分で、湯垢ではありませんから安心して入浴を楽しんで下さい。
新屋温泉

「浴槽の沈殿物は温泉の成分で湯垢ではありませんから～」とか「すべります!!　湯船に入る時注意しましょう」とか、注意書きからも、ただ美しいだけでなく、温泉成分が濃厚な湯であることがうかがえる。

ヘンな名湯♨

新屋温泉
泉質　含硫黄、ナトリウム、硫酸塩、
　　　塩化物泉（硫化水素型）
住所　青森県平川市新屋平野 84-14
電話　0172-44-8767
料金　400 円
営業時間　7:30 ～ 21:30
定休日　無休

ヘンな名湯

栄養満点のすっぽんを育てる名湯を、秘密のプレハブ小屋でどうぞ。

すもも沢温泉郷　青森県

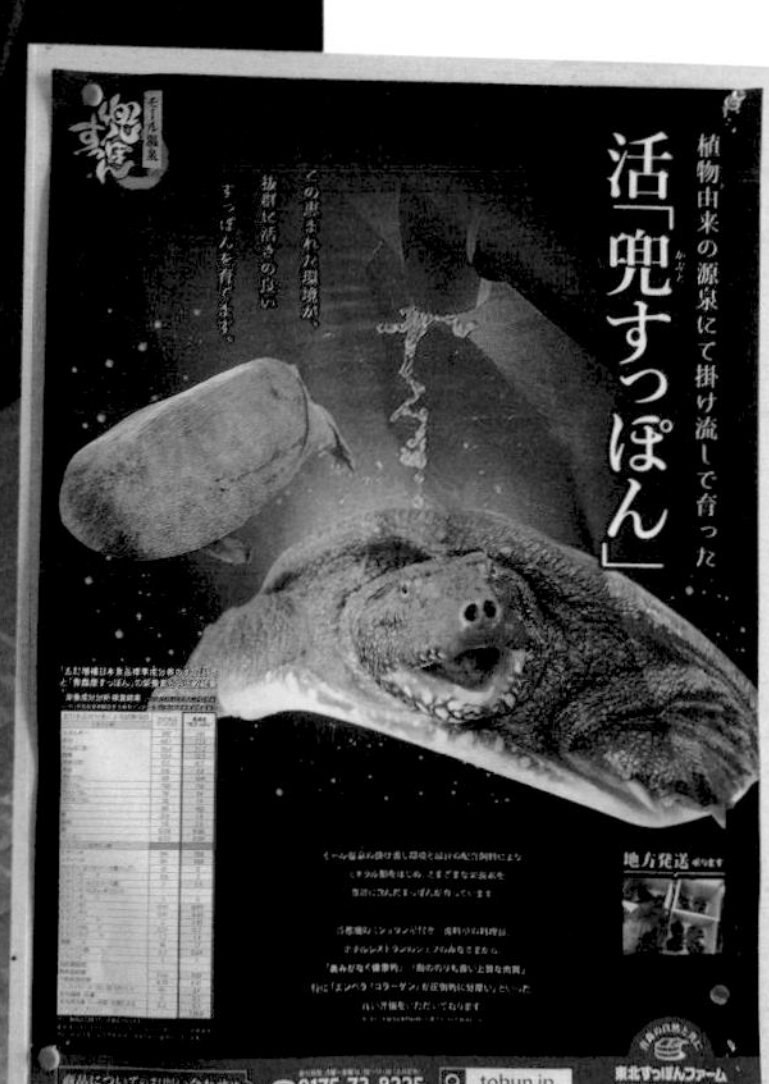

青森県に温泉でスッポンを育てているスッポンファームがあって、なんでもそこで育ったスッポンたちは普通のスッポンと比べて栄養素が二倍近くあるのだという。だから、高級ブランドスッポンとして、高級スッポン店で大人気なのだそうだ。スッポンがそんなふうに育っちゃう温泉なのである。温泉好きならばそれは入ってみたいって誰しも思うことだろう。ハイ、いってきましたよ。青森県は七戸町、「すもも沢温泉郷」へ。

温泉郷といっても温泉はプレハブのような建屋が建っているここ一軒だけ。温泉が掘られてからまだ10年も経っていない、新しい温泉だ。

浴室の湯船は飾りっ気のないポリ製。でも、なんだかそれがプレハブっぽい建屋とマッチしていてうなずける。むしろそういうところにマニアが唸るような名湯があるところがカッコいい。わかりますかね？ そういう感覚。

湯はほうじ茶のような色をしたモール泉で、泡付きとツルスベ感のある浴感が実に素晴らしい。うんうん、スッポンの栄養価が二倍になるっていうのもわかる気するな。だって24時間365日、こんな名湯の中で暮らしているんだもんね。

しかし、ここ、「すもも沢温泉郷」の感動的なところは、この風呂ではない。いや、すでにじゅうぶん感動的なんだけど、さらにその上をいくのが別棟の小さな家族風呂だったりする。

湯船はホントに小さい。その湯船に源泉をドバーッと投入して入り終わったら栓を抜くというシステム。つまり溜め湯方式なのだ。これはこれで、小さな湯船にそのたびに新鮮な源泉を溜めるので浴感がめっちゃフレッシュで、入浴中、源泉のバルブを開ければかけ流しが楽しめる。これ、いや、たまんないなぁ。

ぬおおおおお！
マジっすか？
このオーバフロー！

家族風呂は別棟のプレハブ小屋で、携帯電話で呼び出して鍵を開けてもらう。A棟、B棟ふたつある。

入浴客がひっきりなしにやってくるすもも沢温泉郷。そう、ここに名湯があることを地元の人は知っているのだ。

この家族風呂がある別棟もまた小さなプレハブ小屋なんだけど、そんなチープな小屋の中で、なんだか人知れずこんな至福の時間をたっぷりと楽しめるところがこの温泉の魅力なんだっていいたい。なんていうか、秘密の小屋でいけないことをしているみたいな感覚。いや、いけなくはないんだけどね（笑）。結論。「すもも沢温泉郷」の素晴らしいところは、ぜんぜん名湯っぽくないところに想定外の名湯があるっていうところだろう。思いがけないうれしさというのを、これでもかというほどに最大限に体現している温泉なのである。

狭い浴室で人知れず極上湯を、これでもかというほどに贅沢にいただいている背徳感？　いや、たまらんっすねぇ。

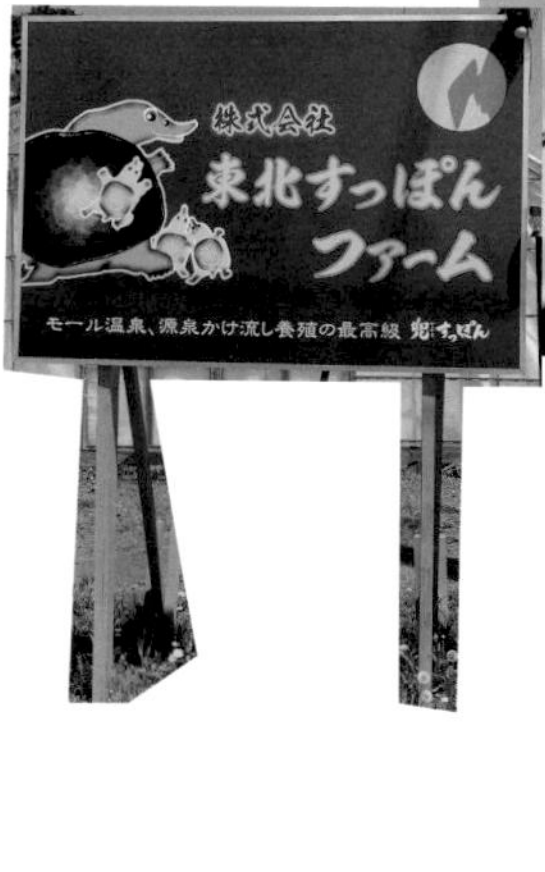

ファームで育ったすっぽんはブランドすっぽんとして、高級スッポン店で大人気なのだという。

すっぽんの栄養価が
2倍になっちゃう湯。
いただきます！

ヘンな名湯

すもも沢温泉郷
泉質　アルカリ性単純温泉
住所　青森県上北郡七戸町李沢字
道の下 22-1
電話　080-2843-5478
料金　200 円、家族湯は 1 時間 1,000 円
営業時間　4:00 ～ 21:00
定休日　無休

秘湯。それは、ときには
ビニールハウスの中にあるのだ。

ヘンな名湯♨　八九郎温泉　秋田県

八九郎温泉。そもそもは、田んぼの脇に湧いていた野湯だったという。でも、それがなかなかの湧出量で、疲れを癒やす極上湯だったから、そりゃあ放ってはおかれないだろう。湯船がつくられて、小屋掛されて、その湯が評判を呼んで、やがて、ちょっとした共同浴場になって、全国から人が集まって、村が誇る立派な温泉施設になったのでした。パチパチパチ。

いや、ウソです。つくっちゃいました。確かに八九郎温泉はなかなかの湧出量で、疲れを癒やす極上湯で、テレビや雑誌なんかにも紹介されたりもして、全国から温泉マニアがやってきて、と、湯が評判を呼んだには違いないんだけれども、でも、立派な温泉施設へと進化はしなかったのだ。それどころか、基本、ここは温泉施設ではない。公衆浴場法に規定された温泉施設ではなく、あくまでも

シュワッシュワだよ、
おっかさん！

小屋掛された野湯というポジションなのである。だから、ここでなにがあっても、それは自己責任という温泉なのだ。

むしろ、進化したのはビニールハウスだった。そう、ビニールハウスだ。たまたま田んぼの脇に湧いていたから、そこに農業のノウハウがいかされてビニールハウスの小屋が掛けられた。一見、ただのビニールハウスにしか見えないけれども、いや、これがなかなかスゴイいのだ。ちゃんと男湯、女湯と分かれていて、それぞれに入り口にはしっかりとした引き戸の扉があって、虫が入らない工夫や、外からは見えないようにもなっていて、ちゃんとした脱衣所があって、浴室も湯船も小さいながらもなかなか快適だったりするのだから。評判の湯よりも、まず先に、いたれりつくせりによくできたビニールハウスに感激してしまうのだ。

でもねぇ、やっぱり主役は温泉だ。いや、ビニールハウスに感激している場合ではない。なんやらやけによさそうな湯がどばどばかけ流しされているのだから、浸かる前から、おお！　これはぜったいにスゴい湯だってわかるほどで、浸かってみると、その期待をはるかに上まわる湯だったりするのだから。浴感シュワシュワで適温で、湯船に身体を沈めると、ザバァ～っとまるで洪水のように湯がオーバーフローしていく。ああ、快感、快感……。

ここは、いつまでもビニールハウスの温泉であってほしいなぁ。

だって愉快じゃないですか。こんな田んぼの脇にビニールハウスがぽつんとあって、それが知る人ぞ知る名湯だなんて。いつかはこのビニールハウスも老朽化するんだろうけれども、そのときは、ぜひともビニールハウスのままリニューアルしてほしい。未来はきっとビニールハウスだって進化しているに違いない。さらに、いたれりつくせりなスーパービニールハウスの温泉として。

ヘンな名湯♨

畑のすみにポツンとあるよ！

八九郎温泉
泉質　カルシウム・ナトリウム - 塩化物・炭酸水素塩・硫酸塩泉
住所　秋田県の某所　※基本、地元の人のための温泉なので、あえて記載いたしません
電話　なし
料金　寸志
営業時間　常識の範囲内
定休日　無休

たかがビニルハウスというなかれ。ちゃんとした脱衣所もあるし、よくできているのだ！

ビニールハウス LOVE！　いつまでも！

ドバドバかけ流しだから、ややもするとものすごいオバーフローで桶が流れていく！

いい湯だなぁ……って。自分は今アパートの中にいるんですよね？

ヘンな名湯

大湯温泉　白山荘　秋田県

あの〜、どこにでも
あるような
アパートなんですけど。

アパートの中に温泉があるんです。

ふ〜ん、それって、よく温泉地にあるアパートに温泉が引いてあったりするっていう、つまりはそういうことでしょ？

いやいや、アパートに温泉が引いてあるには違いないんだけど、そういうことではなくって、アパートの中に共同浴場があるのであるんです。たとえるならば、アパートの中に銭湯があるみたいなものですよ。そう聞けば、あなただって、ちょっとは「ええ？　どういうこと？」って思いませんか？

施設としては、あくまでもアパートなのである。だから、ほら、外観だって、どこからどう見てもアパートそのものなのだ（あたりまえだ、アパートなんだから）。しかし、建物に入っていくと、管理人室っぽいところに「入浴料２００円」と書かれた張り紙が貼ってあって、確かに温泉のようなのだ。で、温泉は地下にある。アパートに地下ってあまりないわけで、いかにも昭和なアパート然とした建物の中の地下へと降りていく階段を不思議な気持ちで降りていくと、なるほど、「男湯」「女湯」と書かれたドアがある。

浴室はとても簡素。コンクリートの四角い湯船がただひとつあるだけ。そこにホースが無造作に突っ込まれてあって、源泉が注がれている。52・3度と源泉の温度が高いので加水はしてあるけれども（そういえば、近くにある荒瀬共同浴場は熱々の湯で有名だったりするからなぁ）、その湯に身を沈めると身体にビシッとくるいい湯だ。ほのかに香るタマゴ臭もいい感じ。加水してあってこれだからねぇ、素晴らしいではありませんか。

いんやぁ、いい湯だったなぁと大満足で湯から上がって、階段を登ると、ふたたびあの昭和なアパート然とした空間に戻っている。外へ出て、外観を見ると、やっぱりどう見てもアパートそのものなのだ。さっきまでジモ泉っぽい共同浴場にお湯に浸かっていたはずなのに。不思議だなぁ、この感覚。こんな感覚、ここ、大湯温泉「白山荘」でしか味わえないだろう。

アチチチチチ！
ビシッとくる
いい湯だねぇ〜。

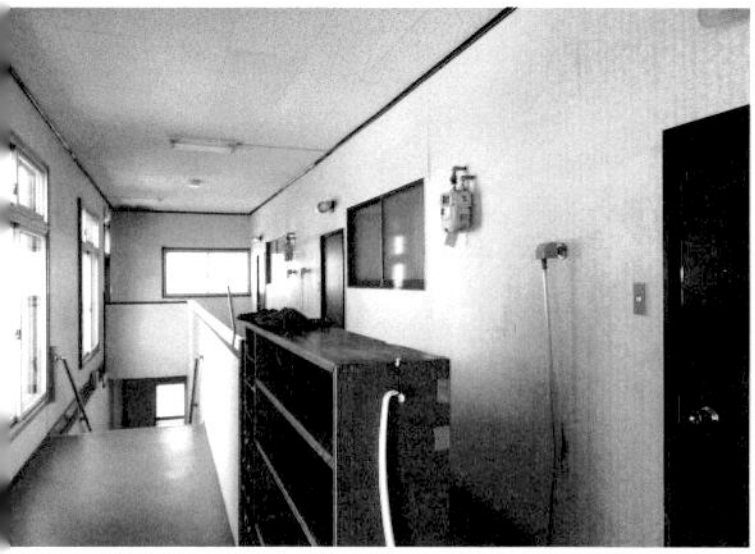

なんの変哲もないアパートの中に地下へと降りる階段がある。それを降りていくと、ほほう、確かに浴室がある。アパートの地下の秘密の温泉って感じに思わずワクワク。

ヘンな名湯♨

大湯温泉　白山荘
泉質　ナトリウム - 塩化物温泉
住所　秋田県鹿角市十和田
　　　大湯字荒瀬 56
電話　0186-37-2309
料金　200 円
営業時間　5:30 ～ 21:30
定休日　無休

鳴子温泉といえば、全国にある十一種類の泉質のうち九種類が鳴子にあるというほどに、泉質の多彩さを誇る温泉郷だったりして、いさぜん旅館の温泉のウリも、そんな鳴子温泉にふさわしく、三種類の泉質が楽しめるということだ。なかでも屋敷内に湧く自家源泉のラジウム炭酸泉は、ここ、いさぜん旅館の評判の湯になっている。

そしてまた、ここ、いさぜん旅館のもうひとつのウリ(?)は実に阪神タイガースな温泉だったりすることだ。いろんな野球ファンがいるけれども、やっぱり阪神タイガースファンというのは特別な存在だ。なんてったって熱量が違う。そういえば、以前、阪神ファンはテレビで野球観戦しているとき、どの球団のファンよりも血圧が高くなるということが医学的に証明されたなんていうウワサもあったっけなぁ。ま、それはともあれ、いさぜん旅館のご主人が虎党のようで、いたるところにタイガースグッズがある。なんと、浴室の桶から椅子、石鹸入れにいたるまでもが虎模様。六甲おろしが吹きまくっているような温泉旅館なのである。

さて、そんないさぜん旅館のメイン的な温泉は、自慢のラジウム炭酸泉が楽しめる混浴風呂だろう。浴室もちょっと変わった造りで、脱衣所にいくと「炭酸泉」「鉱鉄泉」と札がかけられてあって入り口もそれぞれある。でも中へ入ると実はひとつの空間だったりして、四角い湯船の「炭酸泉」と、半ひょうたん型の湯船の「鉱鉄泉」が石の仕切りで分けられているのだ。宿のおすすめの入り方として、まず「炭酸泉」で身体を芯まで温めて、上がり湯として「鉱鉄泉」に浸かるのがよいとされている。

そんなわけで、それにしたがってまず

ヘンな名湯

阪神ファンよ。道頓堀に飛び込むがごとく、いざぜんの名湯に浸かれ。

鳴子温泉　いさぜん旅館　宮城県

東鳴子に六甲おろし吹き荒れる!?

は「炭酸泉」から浸かってみる。鳴子らしい油臭がするその湯はツルスベな、いい浴感。のんびり浸かっていられる40度の湯温。う〜ん、こりゃあいいねぇ。じっくり「炭酸泉」を楽しんだ後は仕切りの向こうの「鉱鉄泉」へ。お、こっちはちょっと熱めな感じで、こちらもまた鳴子らしい油臭。上がり湯にふさわしい湯温だ。

いいなぁ、この「炭酸泉」「鉱鉄泉」のコンビネーションは。で、そこでハタと思った。そっか、炭酸泉って血圧下げる効果にすぐれているもんね。これが阪神ファンの血圧を下げるのかな？　そうに違いない！　なんてくだらないことを考えていたら気が付いた。そういえばこの浴室だけタイガースグッズが置いてないなぁ。さすがに虎党のご主人も、いさぜん旅館の伝統的なこの浴室をタイガース色に染めるのは気が引けたのか？　いやいや、ご主人、ここまできたら、ここにも六甲おろし吹かせちゃってくださいよ。すでにこのいさぜん旅館がタイガース温泉であることは多くの人が知っている事実。誰も文句はいいませんって。

あれもこれもタイガースだ！

玄関からタイガース全開なのである。ここは巨人ファンやカープ女子が来るところじゃないぜ！　と無言のメッセージを送っているのかもしれない。

ここは巨人ファンが来るところじゃあ、ないんだよぉ〜！

いさぜんのメイン湯である混浴風呂は「炭酸泉」と「鉱鉄泉」が石の仕切りで分けられたユニークなスタイル。これが効くんだなぁ。そしてなぜかここにはタイガースグッズはない。

ヘンな名湯

鳴子温泉　いさぜん旅館

泉質　ナトリウム - 炭酸水素塩泉 /
　　　ナトリウム - 炭酸水素塩泉 /
　　　ナトリウム - 炭酸水素塩・
　　　塩化物・硫酸塩泉

住所　宮城県大崎市鳴子温泉赤湯 11

電話　0197-82-2830

料金　500 円、宿泊 5,500 円〜

営業時間　10:00 〜 20:00

定休日　無休

と、虎か!?

たくましく
再開しているよ！

がんばれ石湯！　湯小屋が流されてもその魅力は健在だ！

ヘンな名湯♨

湯ノ花温泉　石湯　福島県

知らない人が見たら、この湯小屋はとてつもない自然災害に見舞われてしまったのだろうって思うかもしれない。なんてったって、湯小屋に巨大な岩石が突き刺さっているんだから。だから温泉の名前も「石湯」。実際は岩が突き刺さっているのではなく、その巨大な岩石の下から源泉が湧いていて、その岩石に沿って湯小屋を建てたためにそのような世にも珍しい外観の湯小屋になってしまったのだという。そんなぶっ飛んだ外観で（いや、もう一目惚れしましたよ）、しかも湯がいいときていたから、こりゃあ「続・ヘンな名湯」に載せるっきゃないと思っていたところ、なんと、本当に大きな自然災害に見舞われてしまったのである。2019年台風19号による川の増水で湯小屋が跡形もなく流されてしまったのだ。伊勢湾台風以来のことだったという。で、湯小屋を失ってしまった「石湯」はどうなったかっていうと、とりあえずブルーシートを張ったテント小屋を脱衣所として、露天風呂として営業している。そのたくましさに拍手を贈りたい。

で、被害を被った温泉に対してこんなことをいうのもなんだけど、露天風呂として再開した「石湯」は、それはそれでユニークでよかったりするのだ。なんてったって河原にあるから、露天風呂になったことで開放感たっぷりな温泉になった。もともと巨大な岩盤をくり貫いてつくった湯船とブルーシートのテント、そして存在

感がハンパない巨大な岩石が、河原に唐突にある。それがなんともそそる景観になっているのだ。なんていうか遠目に見ただけでも、ん？　なんだあれは？　もしかして温泉？　おお～入ってみたいなぁ……って思わせるような。

　そんな開放感たっぷりな再開した「石湯」に浸かって川を眺めながらじっくり湯に浸かろう。そう思わずにはいられなくなってくるわけだけど、ところがところが、「石湯」はそのユニークな外観もさることながら、全国有数の激熱な湯としても有名だったりするのだ。水でうめないとてもじっくりなんて浸かっていられない。湯小屋があった頃は湯口に木の栓をして源泉が注がれる量を調節して熱くなりすぎないようにできたし、それでも熱いときは水道に繋いだホースの水でうめることもできた。ところが今はそれもないんで熱いったらありゃしない。とてもじっくりと川を眺めてなんていられないのだ。でも、やっぱり名湯。熱いけれども体にビシッとくる浴感が実にいい。クセになる熱さなのだ。たまらんねぇ。

　湯小屋の復活がいつなのかはわからないけれども、この露天風呂状態の「石湯」に入れるのは今のうちだ。なので、みなさんもぜひ今のうちに！　みんなが訪れることがそのまま「石湯」復活にもつながるワケですものね。がんばれ「石湯」。負けるな「石湯」！

みんなで石湯を応援しよう！
ヘンな名湯

湯ノ花温泉　石湯
泉質　ナトリウム - 硫酸塩・塩化物泉
住所　福島県南会津郡南会津町湯ノ花
電話　なし
料金　200 円（一日共通券で 4 軒の共同浴場に入れる）
営業時間　6:30 ～ 22:00
定休日　無休

熱々の名湯も
健在だ！
効くねぇ〜
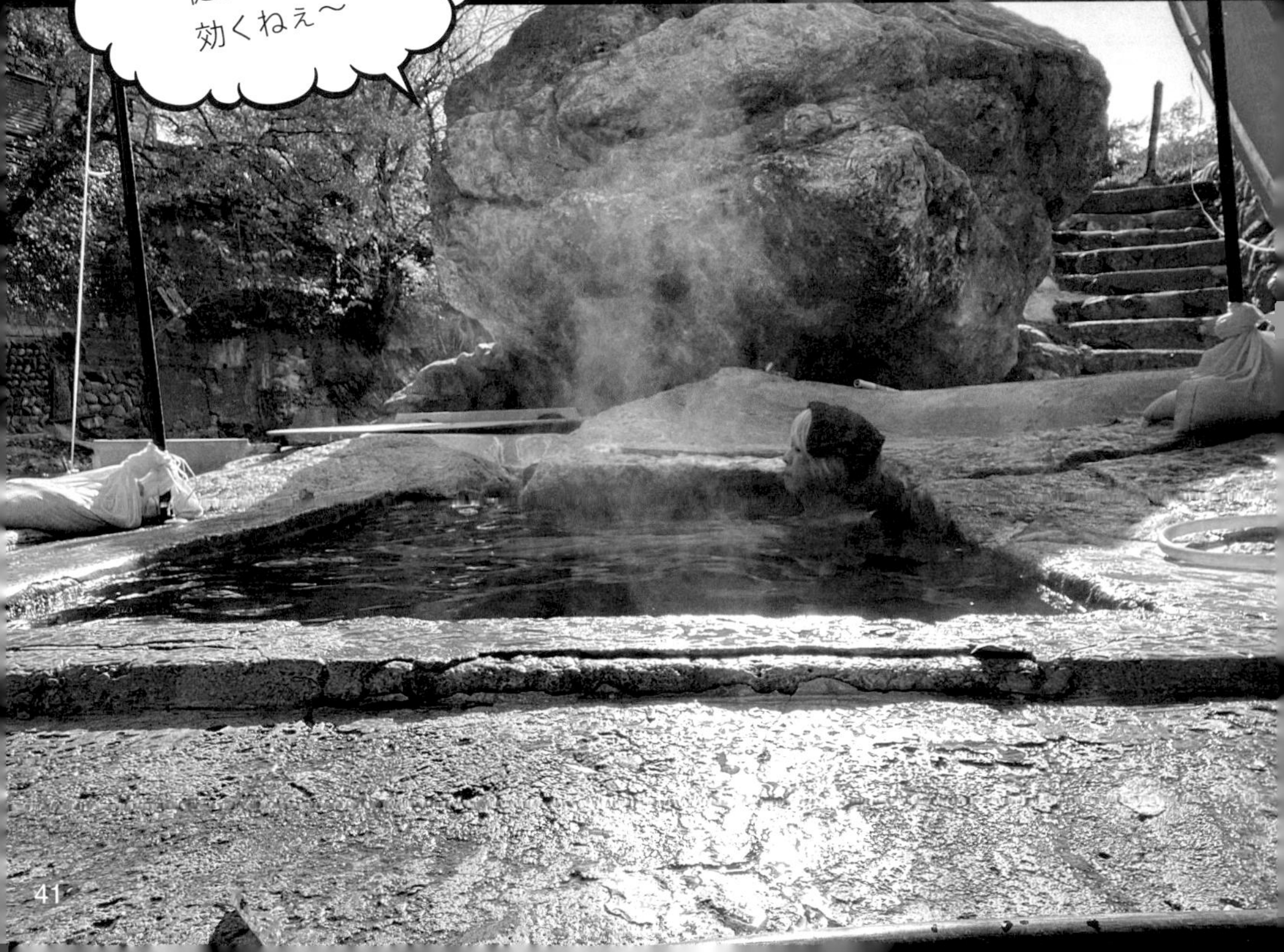

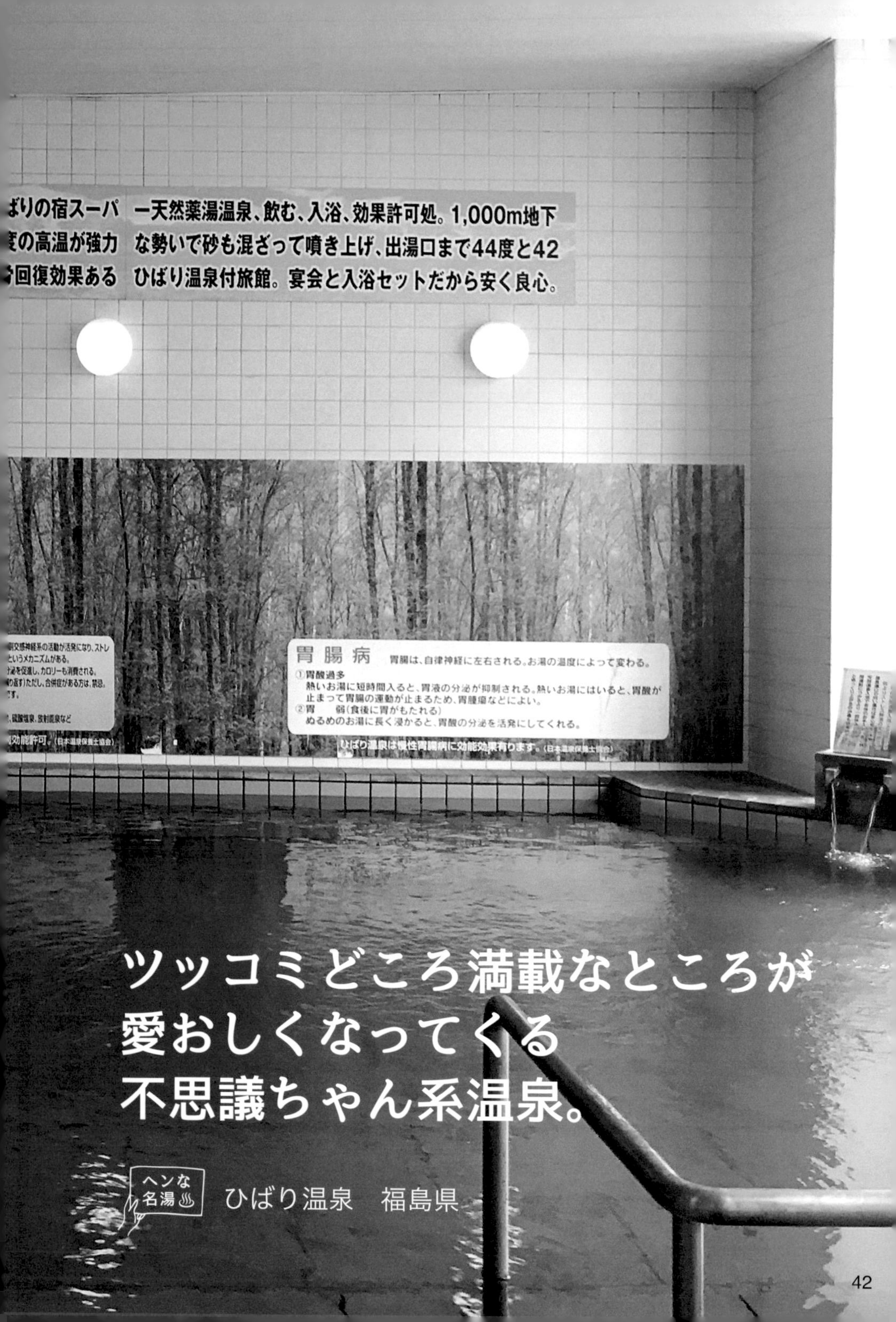
一天然薬湯温泉、飲む、入浴、効果許可処。1,000m地下
な勢いで砂も混ざって噴き上げ、出湯口まで44度と42
ひばり温泉付旅館。宴会と入浴セットだから安く良心。
胃腸病　胃腸は、自律神経に左右される。お湯の温度によって変わる。
①胃酸過多
熱いお湯に短時間入ると、胃液の分泌が抑制される。熱いお湯にはいると、胃酸が止まって胃腸の運動が止まるため、胃腫瘍などによい。
②胃　弱（食後に胃がもたれる）
ぬるめのお湯に長く浸かると、胃酸の分泌を活発にしてくれる。
ひばり温泉は慢性胃腸病に効能効果有ります。

ツッコミどころ満載なところが愛おしくなってくる不思議ちゃん系温泉。

ヘンな名湯

ひばり温泉　福島県

湯もじわりと効くけれど
いろんなことがじわじわと。
アメ色のつるつる、するする。濃度
の温泉の脈を調査、難工事が1年余。
度の三つの浴槽に適温調整の入浴て
浴槽内
100%掛け流しのため
レジオネラ属菌にも安心安全
入浴効能証明許可処
温泉水飲用専用蛇口
効能証明許可処
加温・加水安心安全
飲温泉水許可済・
源泉掛流し100%
このひばり温泉は、泉質上すぐに保温力を持つため一回の入浴は首
までは3～5分浸かり、一度休憩して再度入浴を3分間。それから上が
って休憩。高齢者の方で倒れる人が出ています。少しでも気分が悪く
なったらスグ横になって30分の休憩をしましょう。長湯は危険です。
倒れて湯船の中に沈むと大変な事になります。必ず注意して下さい。
他の方も目配りの協力をお願いします。高齢者の長湯は注意しましょう
糖尿病

どこがヘンなのかって聞かれてもズバリこれっていう突出したところがないんだけど、でも、いろんなところが、ちょっとずつヘンで、総体的に見るとかなりヘンな温泉なのだ。

ひばり温泉。え〜、どこから話せばいいかな。たとえば施設内にある妙な宗教施設。温泉神社に閻魔堂、ニョキッとそびえ立つ石仏とか。のっけからB級感満載なオーラがあっちからもこっちからも。

建物もオレンジオレンジしているしファサードの「ひばり健康ランド（旧施設名）」の文字も「それ、ひばりじゃなくって、ぴばりじゃん！」と突っ込みたくなる。ま、それにはかまわず中へと入るといろんなものが売っている。お土産とかが売っている温泉施設は珍しくはないけれども、ここには衣料品から壺や花瓶、ノリタケのテーブルウェアセット、さら

いろいろ主張してくる！
いろいろ売ってる！

ひばり健康ランド
信念で宝を求め
宝くじ当るかも
夢に見た大当り
ひばり温泉の神様
ご入浴で疲れが解消。
本人の健康に温泉を感謝。湯舟の中、
手のひらで体を洗う行為禁止。

にはテレビや電子レンジが並ぶ家電コーナーまであったりする。世の中には温泉に入ったついでに、テレビや電子レンジを買っていく人がいるということなのだろうか。

そして、館内をうろうろしているうちにひとつのことに気が付く。ここ、張り紙やら看板が異常に多くないかい？　いや「浴室はこちら」といった類の張り紙ならわかるけれども、よく見ると「信念で宝を求め宝くじ当たるかも、夢に見た大当たり、初心が大切～」とか「ひばり温泉とは野鳥名です（ひばりが鳥のことぐらいわかってるし、ていうか、張り紙にする意図がわからん！）」、そして……、「芸能人様の出入口」とデカデカと書いてあるあの入り口はなんなのだろうか！

そんな独特な世界観は浴室の中に入っても続くのだ。扉にあれこれ注意書きがあるのはまだわかる（それにしても多い！）。大浴場の湯船の壁いっぱいに湯の効能やら宣伝文句やらがベタベタと張ってあって、もはやなにも目に入ってこない。そもそも「ひばり温泉の神様ご入浴で疲れが解消。本人の健康に温泉を感謝。湯船の中、手のひらで体を洗う行為禁止」といったような不思議な文章

を頭に入れることから無理なのである。

そんな調子だから、本来は開放感が楽しめる露天風呂にいたってもあれこれ書いてあって落ち着くひまがない。石灯籠や植栽、植物が印刷された壁紙やら、そういうのも一緒に目に飛び込んでくる。ふう〜。疲れたよ。

いや、でも、最後に「ひばり温泉」の名誉のためにいっておきたい。湯はいい。ツルスベな浴感の湯が源泉かけ流しされていて、素晴らしかった。まさしく変な名湯。そしていつしか不思議な文章の張り紙も、なんだか愛おしくなってくるのだから。

露天風呂まであれこれ主張してくる、これがひばり温泉ワールドだ！

ひばり温泉
泉質　ナトリウム - 硫酸塩・塩化物泉
住所　福島県須賀川市滑川字関ノ上 22-2
電話　0248-63-1112
料金　500 円／ 90 分〜
営業時間　6:00 〜 23:00
定休日　無休

温泉の効能が医学的に説明できる現代とは違って、その昔は温泉とは摩訶不思議な霊的なものだった。いわゆる霊験あらたかな湯というやつだ。だから、昔ながらの共同浴場とか温泉旅館なんかにいくと、浴室の中に神仏が祀ってあったりするところが少なくはない。それがまた古きよき温泉文化の情緒を醸し出しているわけだけど、ところがだ。神仏が祀ら

ヘンな名湯

浴室に神社がドドン！ つげワールド全開なぶっ飛び温泉。

西山温泉　老沢温泉旅館　福島県

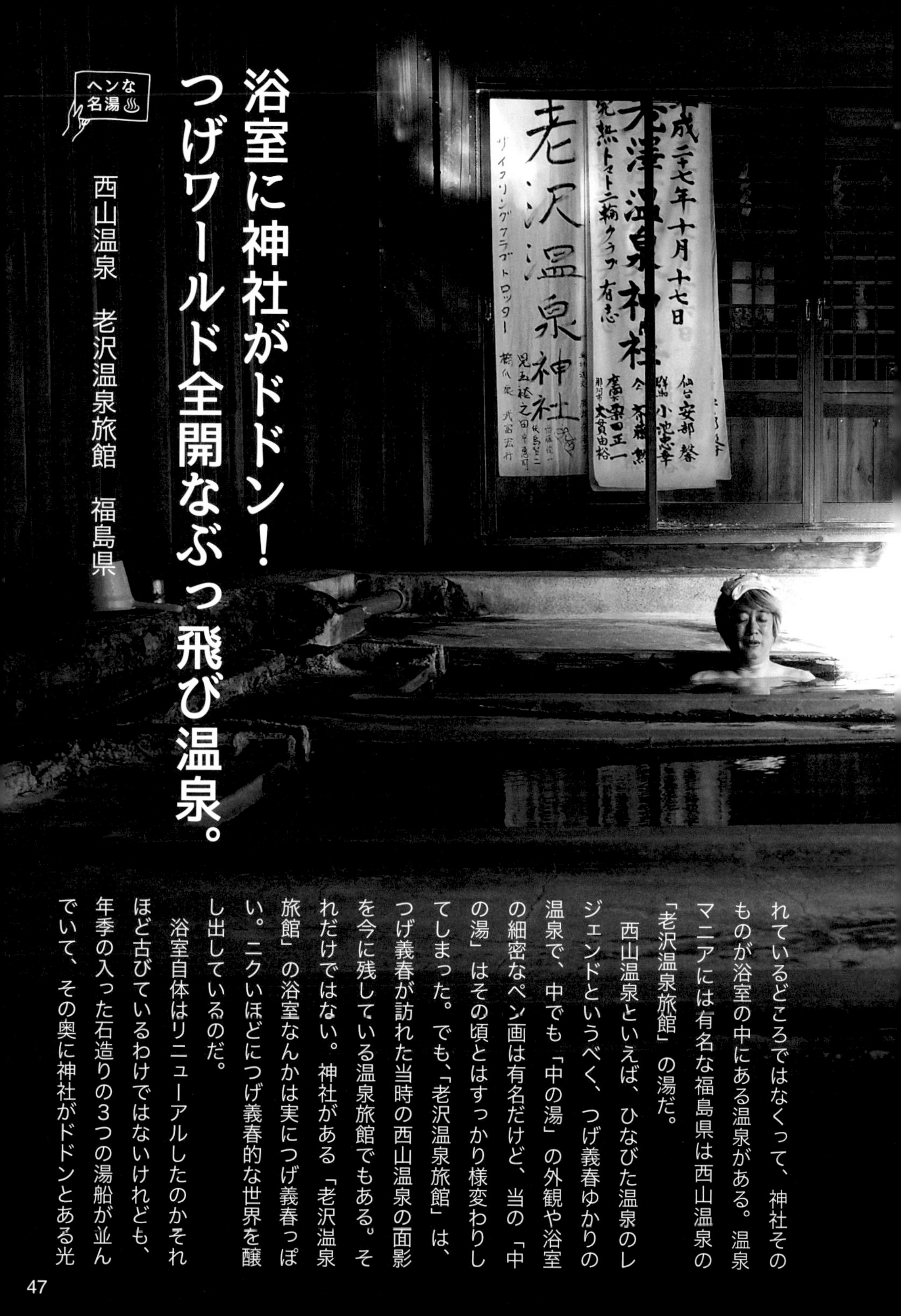

れているどころではなくって、神社そのものが浴室の中にある温泉がある。温泉マニアには有名な福島県は西山温泉の「老沢温泉旅館」の湯だ。

　西山温泉といえば、ひなびた温泉のレジェンドというべく、つげ義春ゆかりの温泉で、中でも「中の湯」の外観や浴室の細密なペン画は有名だけど、当の「中の湯」はその頃とはすっかり様変わりしてしまった。でも、「老沢温泉旅館」は、つげ義春が訪れた当時の西山温泉の面影を今に残している温泉旅館でもある。それだけではない。神社がある「老沢温泉旅館」の浴室なんかは実につげ義春っぽい。ニクいほどにつげ義春的な世界を醸し出しているのだ。

　浴室自体はリニューアルしたのかそれほど古びているわけではないけれども、年季の入った石造りの3つの湯船が並んでいて、その奥に神社がドドンとある光景は異様な迫力があって、なんとも味わい深い。夜入ると怖いぐらいなのである。

おもしろいのが、3つの湯船には浴室の奥から樋状になった溝を通って同じ源泉が注がれているのにも関わらず、湯の透明度や湯の華の量（しかも白い湯の華と黒い湯の華がある……）なんかが違っていて、それぞれ3つの湯の個性が楽しめる。湯の温度によって変わるのだろう。時間や天気によっても湯の色が変わったりするとのことで、なかなか不思議な温泉なのだ。湯は硫黄の香りが芳しい湯ヂカラを感じる熱めの湯。いや、でも、こうやって湯に浸かりながら低い目線で浴室の神社をしみじみ見ていると、より迫力が高まって神聖なものを感じてやまない。それと同時に相反しているかもしれないけれど、実にぶっ飛んでいてロックだなぁとも思えてくる。だってスゴいじゃないですか。浴室に神社が丸ごとあるんだから。西山温泉郷はその昔「神の隠れ湯」っていわれていたそうだけど、その雰囲気を味わえるのは今ではここ「老沢温泉旅館」だけ。そのぶん神秘的な空気感がここで最高密度に達しているのかもしれない。ぜひぜひ、泊まって夜に入浴してみてくださいね。

玄関を入るといきなり生活感のある空間がお出迎え。昔はどこもこうだったのだろう。

ヘンな名湯♨

西山温泉　老沢温泉旅館

泉質　含硫黄 - ナトリウム - 塩化物泉

住所　福島県河沼郡柳津町五畳敷老沢 114

電話　0241-43-2014

料金　400 円　宿泊 3500 円（自炊）～

営業時間　9:00 ～ 16:00（要確認）

定休日　不定休

つげ義春が描いたペン画の世界の面影を残す外観。グッド・オールド・西山温泉スタイルが健在なのは、ここ老沢温泉旅館だけになってしまった。

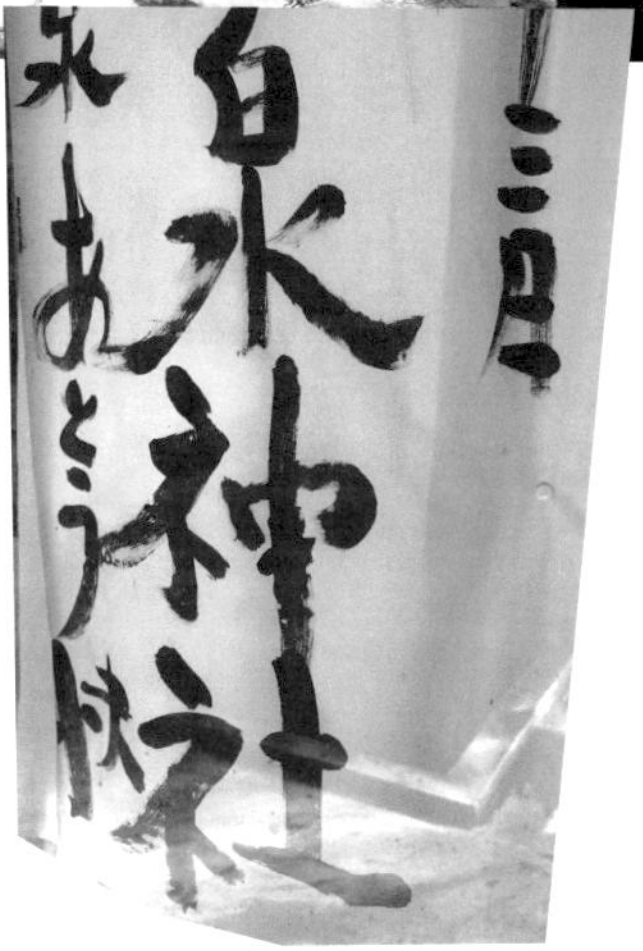

神の隠し湯といわれてきたのも

新菊島温泉ホテル。その名前を聞くたびにボクの頭の中のスクリーンに、あのドバドバで豪快な源泉かけ流しの光景が映し出される。それがやっかいなことに、日が経つほどにより豪快なかけ流しへと、ボクの頭の中で勝手に成長していくのである。ああ、たまらん。またあの魔性の湯に浸かりたいなぁ！

外観は一見、ええ？　ここ営業しているの？　って思っちゃうような感じだけど、いや、侮ってはいけないよ。ここに人を虜にしちゃう魔性の温泉があるんだから。

さて、ここの湯のどんなところが魔性なのかっていうと、よく「美肌の湯」なんていわれる強アルカリ性の湯がある。ヌルヌルしたとろみのある浴感が気持ちのいい湯だったりするんだけど、ここ「新菊島温泉ホテル」の湯はヌルヌルを通り越してにゅるんにゅるんなのだ。そんな

記憶の中でどんどん存在感を増していく、にゅるんにゅるんのヤバいかけ流し。

ヘンな名湯♨　新菊島温泉ホテル　福島県

湯がドバドバの豪快なかけ流しで大浴場（男湯）の広い湯船を満たしているというのだから、それはそれはたまらない湯なのである。しかし、不思議なのはここの湯は成分的には強アルカリ性というほどではない。それなのににゅるんにゅるん。しかも泡つきもスゴくてしばらく湯に浸かっていると体が気泡にびっしりと包まれるほどで、湯の温度も39℃と長湯できる、まさに人をダメにしちゃうような快楽温泉なのである。

ただ、ひとつ注意したいところもある。湯があまりににゅるんにゅるんゆえに油断していると滑って転ぶのだ。しかもここの大浴場は変わった造りをしていて、脱衣所に戻るためには、まず、広〜い湯船の中を歩いて横切って、さらに男湯の湯船の中を歩いて横切ってようやく脱衣所にたどり着けるという造りになっている。でも、ここの湯船は笑っちゃう

ぐらいに滑るのだ。そりゃあそうだろう、こんなににゅるんにゅるんなのだから。

で、あるときボクは地元のおっちゃんが素晴らしいテクニックを駆使して湯船内を移動しているのを目撃した。なんとおっちゃんは足を使って歩くのではなく、体全体を湯の浮力にゆだねて、両手を前足のように使って広い湯船を横切っていったのだ。ほら、ダーウィンの進化論で、あったでしょ？　海の生物が陸の生物へと進化していく過程が。まるであんな感じで移動していたのだ！（図1参照）さっそくボクも真似をしてみたら、それが実に安定感抜群な移動方法であることがわかった。素晴らしい。いやはや、さすがジモの知恵というべきか。

そんなステキな発見もあった「新菊島温泉ホテル」だったけど、日が経つほどにあのにゅるんにゅるんの魔性の湯が恋

まるで麻薬のようにこの湯の記憶が
自分の意識を支配していくのであ〜る。

ひゃー！
もーたまりません！

しくなって、ボクの記憶の中でどんどん存在感を増していくのだ。そんな悩ましい副作用もセットで楽しむのが、きっとここ「新菊島温泉ホテル」の流儀なんだろうなぁ……。

ヘンな名湯♨

にゅるんにゅるん。忘れられない湯！

新菊島温泉ホテル
泉質　アルカリ性単純泉
住所　福島県岩瀬郡鏡石町大字
　　　久来石南町 470-1
電話　0248-62-6515
料金　300 円　宿泊 5000 円
　　　（素泊まり）～
営業時間　10:00 ～ 20:00
定休日　無休

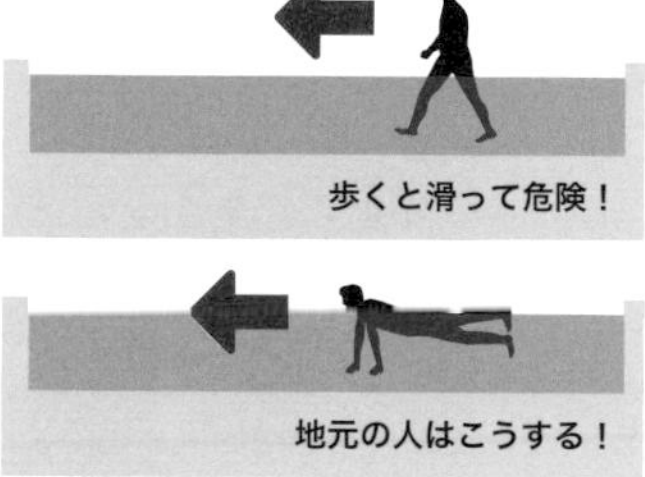
歩くと滑って危険！
地元の人はこうする！

地元の人は、進化論の海の生物が陸の生物へと進化していく過程みたいな移動テクを使う！　さすがだ！

巨大メンチカツで満腹になりながら、ふと思う。食堂になぜこんな名湯が？

ヘンな名湯　食事処いやさか　福島県

「タクシー運転手 お気に入りの店」っていう福島県限定のユニークなグルメ本がありまして、これ、県内のタクシー会社の運ちゃんにアンケートをとって、運ちゃんに人気の店55店を網羅したという、なかなか目の付け所がナイスな本だったりするんだけど、そこに「思わず歓声が上がる名物わらじメンチカツ」っていうのが載っているんですね。直径なんと20㎝以上のメンチカツ。もう大人の顔が隠れちゃうような巨大なメンチカツなわけで、県内のタクシーの運ちゃんだけではなく、長距離トラックの運ちゃんの間でも全国的に有名なのだそうだ。

で、そのメンチカツが看板メニューの「食事処いやさか」には、もうひとつ、普通の人は知らないけれど、温泉マニアの間では全国的に有名な温泉がある。しかも、その温泉は食事をした人は無料で入れるのだというのだ。そう聞いたらも

思わず歓声が上がる
名物わらじメンチカツ

う、その巨大なメンチカツとやらを食べて、無料で温泉に入るっきゃないでしょう。

そんなわけでさっそく名物わらじメンチカツにご対面。うん、大きい。「思わず歓声が上がる」っていうのもよくわかる。食べてみるとジューシーでありながら重すぎない味。うまい。意外とペロリと食べれてしまうメンチカツだった。ほかにも「ジャンボとんかつ定食」や「ジャンボエビフライ定食」なんていうのもあって、外観は正統派っぽい店でありながら、なかなか攻めている食堂だったりするのだ。

では、温泉はどうだろうか。浴室は別棟にあってブルーシートの通路を通っていく。いいねぇ。なんともそそる通路だ。お風呂は内湯と露天風呂があって食堂のお風呂にしてはなかなかのもので、まず目を奪われたのが、塩ビの雨樋のよ

うな湯口からけっこうな量の源泉がかけ流しされていたところだ。おお、さすがは巨大なメンチカツを出すだけあるなぁと妙な納得をしながら湯につかってみると、かすかに褐色を帯びたその湯は、すばらしいとろとろ湯。ほんのりと硫黄の香りが鼻をくすぐり泡つきもグッド。ウヒョー！　さすがは巨大メンチカツじゃんねぇと、ふたたび妙な納得をすることに。

露天風呂では先に入っていたじっちゃんが話しかけてきたんで、しばしお話を。なんといつもここのお風呂の掃除をしているじっちゃんだった。いい湯やろ？　ここら辺じゃあ、ここがいちばんいい湯だよ。と、にんまり笑いながら、ここの湯のことや、いろんな話をしてくれた。

いや、なんだろうねぇ。飯を食べて、無料で温泉入って、その極上湯に浸かり

ながらジモのじっちゃんとのんびり温泉談議をしている、この贅沢な時間は。なんで食堂にこんないい湯が湧いているんですかねぇ？　と、じっちゃんに聞いてみた。掘ったらいい湯が出てきただけだよ。運がよかったんだろうなぁ、と。なるほど、ごもっともなことで。

ヘンな名湯

タクシーの運ちゃんの御用達食堂だ！

食事処いやさか
泉質　アルカリ性単純泉
住所　福島県西白河郡矢吹町文京町197-1
電話　0248-44-3233
料金　350円（食事をすれば無料）
営業時間　11:00〜21:00
定休日　水曜定休

浴室につながるブルーシートの通路。こういうの、なぜかそそるなぁ。

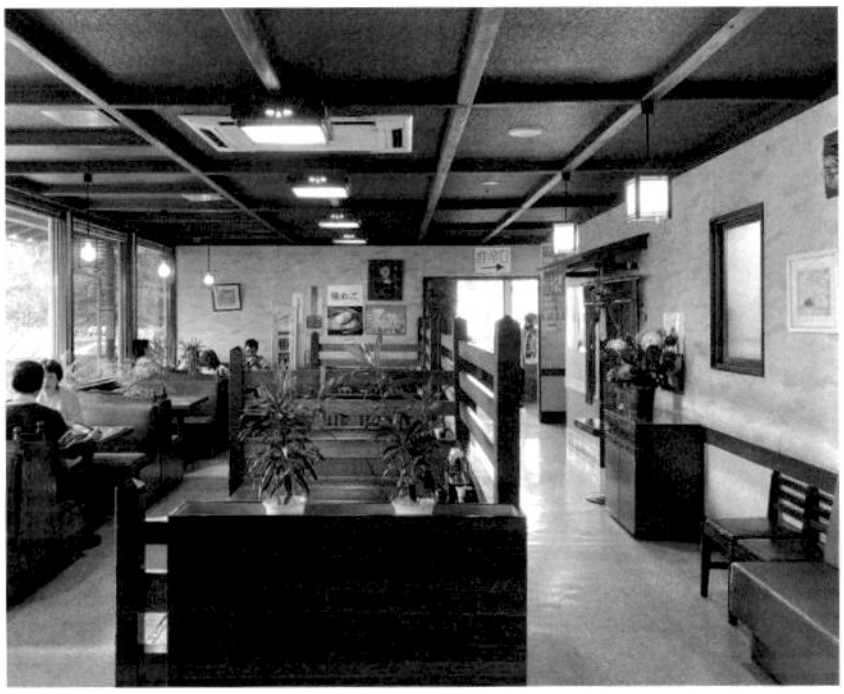

ちょっとファミレスっぽい店内。お昼になるとお客さんでいっぱいになる。

とろとろの湯に浸かりながら、源泉をボォ〜っと眺める幸せといったら！

塩ビの雨樋からジョボジョボと源泉が投入される内湯。期待高まる！

　そもそも温泉寺っていう名前からして変わってますよね。ま、全国でも珍しい温泉があるお寺だから、温泉寺。てらいのないストレートな名前なわけだけど、仮にもこのお寺、世界遺産の「日光山輪王寺」の別院だったりもするんで、もうちょっと権威のありそうな名前でもいいじゃないかと思ったりもするんだけど、ハイ、余計なお世話ですね。

　この温泉寺。もともと薬師堂という名前で別の場所にあったそうで、それが1966年の土砂崩れで直径5メートルもの大岩がその薬師堂めがけて転がってきたっていうんですね。当然、お堂は大破しちゃったわけだけど、なんと、その落下した大岩の上に、祀られていた如来像だけがまったくの無傷で鎮座していた。昔々そういうことがあったていうのではなくて、昭和のことですからね。まさに現代の奇跡だった。

石灯籠が並ぶ参道を歩いて温泉へ！？

ヘンな名湯　日光湯元温泉　温泉寺　栃木県

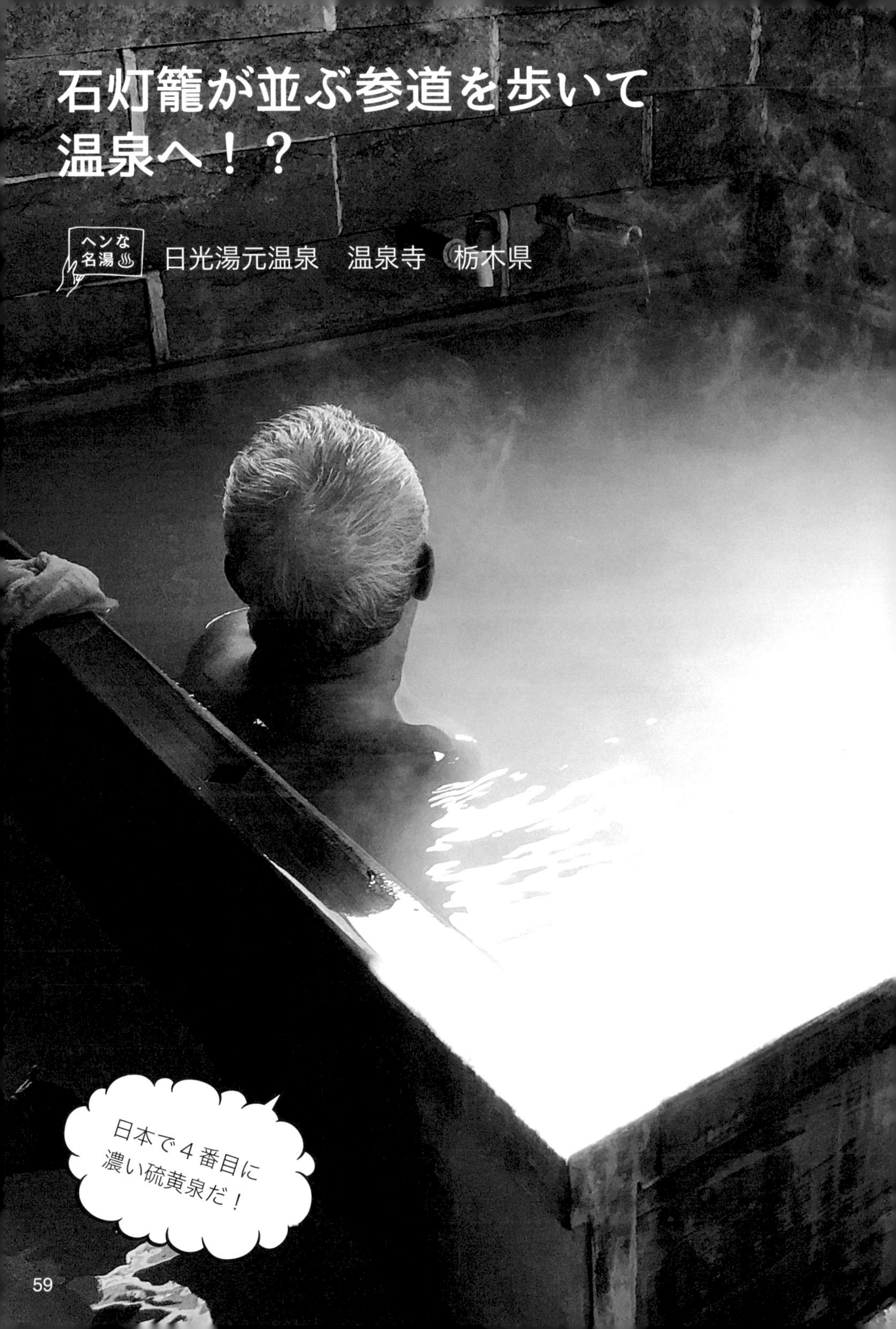
日本で４番目に
濃い硫黄泉だ！

そんなことがあったから、地元の人々のあつい信仰心もより高まって再建されたのが今の温泉寺だったりするのだ。

　さて、そんな温泉寺なわけだけど、お寺ですからね、温泉入りにいくには石灯籠が並ぶ参道を歩いていく。これがちょっと不思議な感じで気分が上がる。

　温泉は本堂の横にある。4~5人でいっぱいになるようなこぢんまりとした浴室に小ぶりの湯船。そこにいかにも濃厚そうなエメラルドグリーンの湯がたゆたっている。うん、これはよさそうな湯だ。

　さてさてと、さっそく湯に浸かってみると、熱！　入れないほどの熱さではなかったけれど、かなり熱い。聞けば普段はもっと熱いのだという。それもそのはず、温泉寺の湯は近くの源泉をそのまま引き入れたものだから60度超えの激熱湯なのだ。

　でもそこはご安心を！　なんてったってここ日光湯元温泉は日本で4番目に濃い硫黄泉なのだから。ちょっとうめたぐらいでは、その濃厚な湯の浴感は変わらない。ヤワな湯ではないのだよ、ここの湯は。

　熱くビシッとした湯ざわりのなかにも温泉の成分がジワジワ身体に染みてくるような浴感。こりゃあ濃厚だ。

　長湯をすると間違いなく湯あたりしそうな湯なので身体が温まったところで湯から上がって、休憩所に向かった。なんと、ここでは無料でお茶とお茶菓子をふるまってくれるのだ。また、別料金を払えば写経体験だってできる。「以我福徳威神力故 皆得解脱一切憂苦」の16文字。なんでも薬師経の一説とのことで「薬師如来の偉大な福徳の力で　一切の憂い苦しみから逃れることができる」という意味らしい。たまには湯上りにビールでは

なんてったってお寺ですから、石灯籠が並ぶ参道を歩いていくわけで、これがなんとも不思議な感じ。だって温泉入りにいくんだから。でも、せっかく来たんだから、写経体験とかもして、お寺の温泉ならではのことを楽しもうではありませんか。

本日、入浴・休憩
できます。
日光山温泉寺

なく、写経をしてみてはいかがだろう。ビールではなく高尚なことをしている自分に酔えるかもしれませんよ。……なんて茶化すようなコトいったら罰当たりますね。ウソです、ウソウソ。

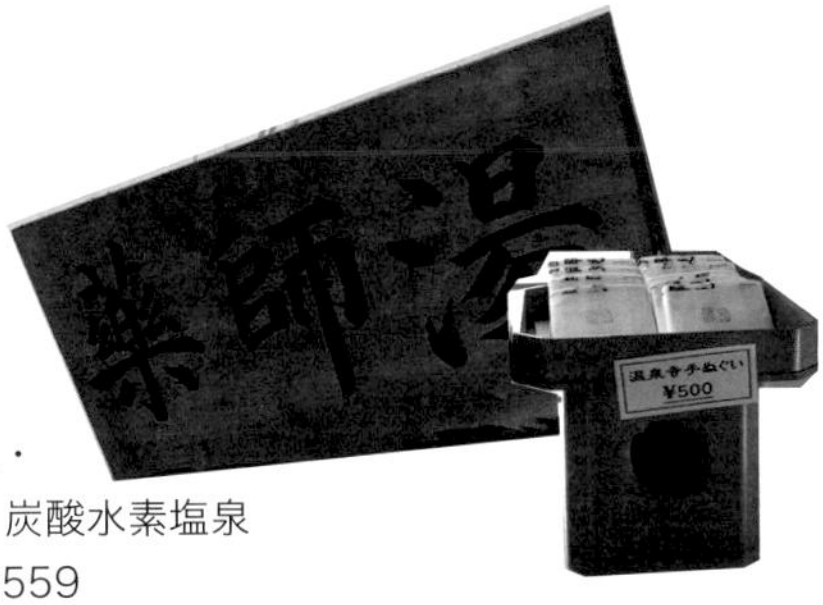

ヘンな名湯

日光湯元温泉　温泉寺
泉質　含硫黄 - カルシウム・
　　　ナトリウム硫酸塩・炭酸水素塩泉
住所　栃木県日光市湯元 2559
電話　0288-55-0013(中禅寺立木観音）
料金　500 円
営業時間　8:00 ～ 17:00
定休日　4 月下旬～ 11 月下旬まで。冬期閉湯

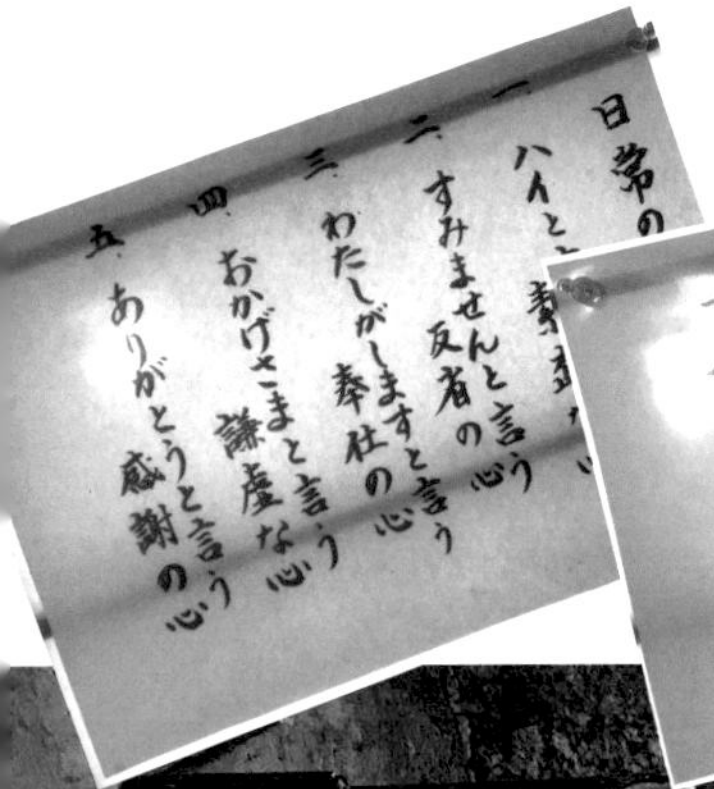

ちょっとうめたぐらいで
浴感が変わるような
ヤワな湯じゃないぞ！

湯船なんだから、いっそのこと船を湯船にしちゃえばいいじゃん的な名湯。

ヘンな名湯　鬼怒川仁王尊プラザ　栃木県

つげ義春の「会津の釣宿」に、ある嵐の晩に、外のお風呂に入っていた床屋の奥さんがそのまんま湯船に入ったまま流されてしまうというエピソードがある。まさに湯船が船になっちゃったっていうわけだけど、鬼怒川温泉にその真逆な温泉、つまりは本物の船が湯船になっちゃった温泉があるのだという。しかもそれが名湯だっていうんだから、これは聞き捨てならないではないか。

そもそもなぜ湯船が船なのか、みなさんわかりますか？　ヒントは鬼怒川にあり。ほら、鬼怒川名物っていえばなに？　え？　温泉きぬ太焼？　いやいや、そういうマニアックなもんじゃなくって、鬼怒川といえば渓谷、その渓谷を船で下っていくライン下りですよ。ときには渓谷美を眺めながらゆったりと、ときには船頭さんの巧みな櫂さばきでスリル満点に岩場を下っていくアレです。で、そのラ

船に乗るんじゃなくって、
船に浸かっているわけで～

イン下りの船を湯船にしちゃった温泉というわけ。ライン下りの船を模した湯船じゃないですよ。本物を浴室に持ち込んで湯船にしちゃったっていうんだから、なかなかやるじゃないのというわけです。

鬼怒川ライン下りといえば30人ぐらいのお客さんを乗せて、さらにそこに船頭さんが前と後ろに乗る。その船を湯船にしたから、実物はかなりでかかった。そこにアルカリ性のとろみのある湯がドボドボと贅沢にかけ流しされている。この湯が実によかった。いや、ここだけの話だけど、鬼怒川温泉っていうと、どうしても、宿はいわゆる箱ものホテルで、温

泉も循環湯で塩素のスメルみたいなイメージがあって（あ、鬼怒川温泉さん、ごめんなさい！）、しかもライン下りの船を湯船にした露天風呂なんて聞くと、いかにも観光地の軟派な温泉っていう感じがしてね、実際ここに来るまでは一抹の不安を禁じえなかった。ところがところが、すばらしい湯じゃないですか！　ほのかな硫黄の香りととろとろの浴感、長湯できる温度、そして見下ろせば本物のライン下りが眺められる景観。いらぬ心配をしていたことを土下座してあやまりたいほどのナイスな温泉だったのだから。

　しかし、考えてみたら、この船の露天風呂はなかなかシュールかもしれない。だって、本来ならば船って水に浮かべるもので、そのために水が入らないようにつくられているものに、逆にその防水性を利用して、湯がなみなみとたゆたって

いるわけですからね。船からしてみれば「おいおい！　そうじゃないだろ？　船なんだぜ、俺は！」ってツッコミたくなるところですよね。

　今度ここにきたときはライン下りの船に乗ってからこの湯に浸かるのも一興かもしれない。さっきまでそれに乗ってスリルを味わっていたのに、今はそこに湯がはられて、それにのんびりと浸かっているというミョーな感覚を味わえるというわけだから。うん、おもしろそうだ。それやってみよう。

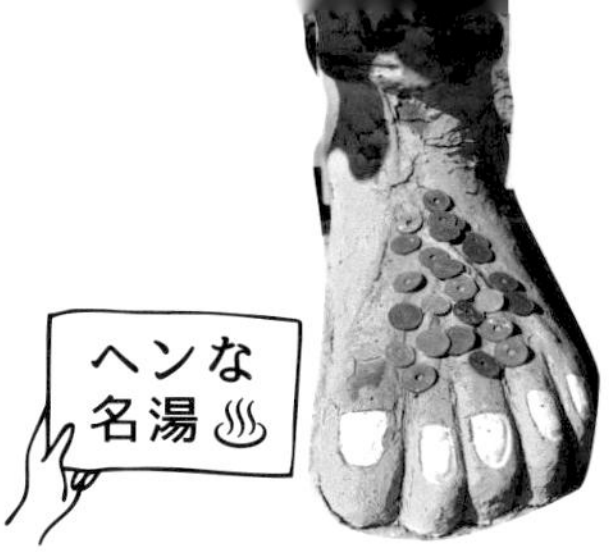
ヘンな
名湯

鬼怒川仁王尊プラザ
泉質　アルカリ性単純泉
住所　栃木県日光市鬼怒川
　　　温泉大原371-1
電話　0288-76-2721
料金　700円　宿泊7800円〜
営業時間　9:00〜21:00
定休日　無休

ホントに名湯なの？
なんて疑って
ごめんなさい！
大満足な湯です！

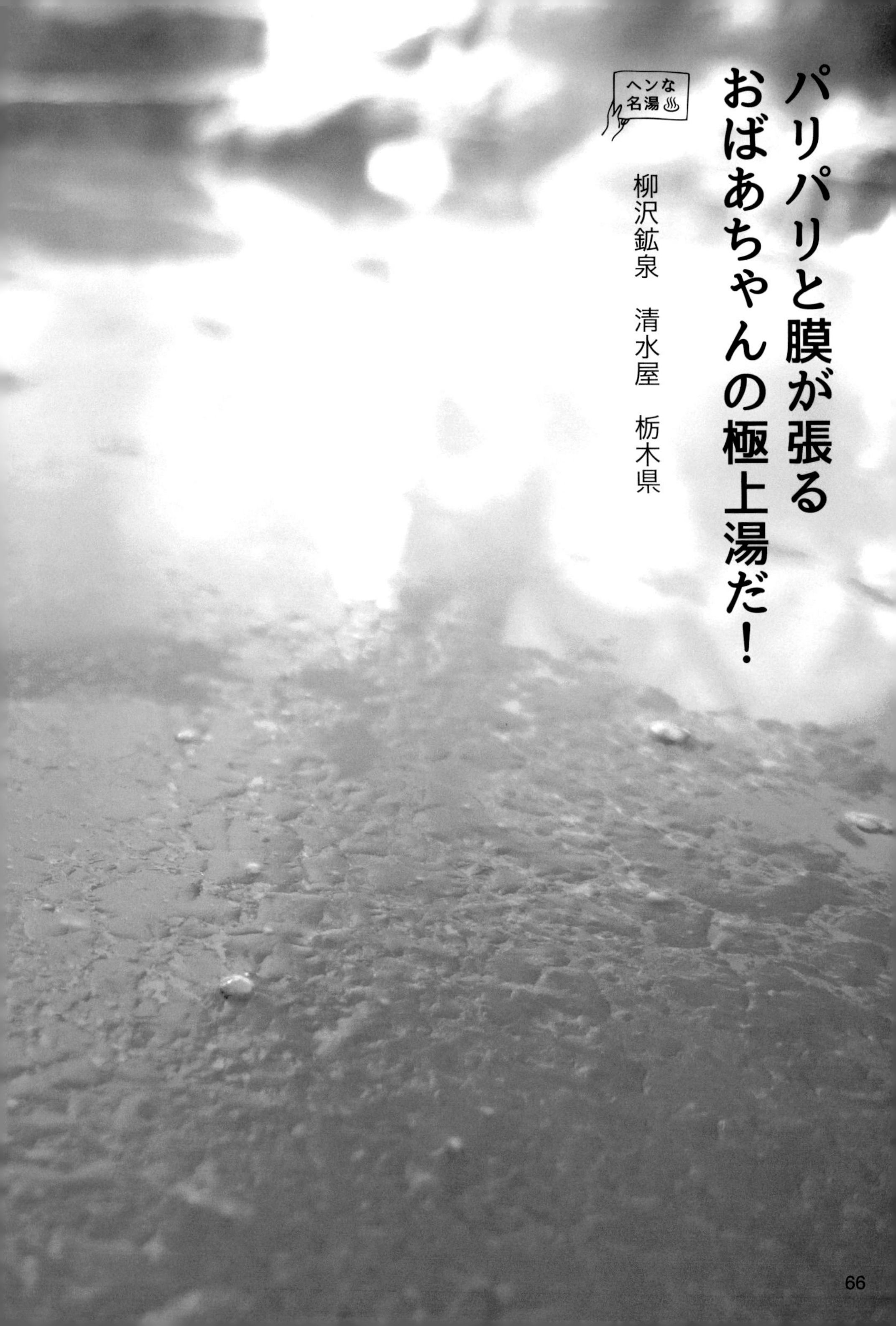

ヘンな名湯

パリパリと膜が張る
おばあちゃんの極上湯だ！

柳沢鉱泉　清水屋　栃木県

パリパリを堪能するなら
朝いちばんが狙い目だ！

ボクが勝手に「膜張メッセ温泉」とカテゴライズしている温泉が全国にいくつかある。どういう温泉なのかっていうと、あまりに温泉の成分が濃厚で、朝、湯の表面にカルシウムの膜がはってしまうのだ。だから、いちばん風呂に入る人はその膜をパリパリと割りながら湯に浸かることになる。どーですか、それって、なんとも魅惑的でしょ？

「柳沢鉱泉 清水屋」もそんな「膜張メッセ温泉」だったりする。那須の別荘地にぽつんとある鉱泉宿。ただ、宿といっても今は宿泊はやっていなくて日帰り入浴のみ。明治25年創業とのことだから130年近い歴史をもつ湯で、今はおばあちゃんが一人でやりくりしている。このおばあちゃんがなんともいいおばあちゃんで、特徴のあるここの源泉のことを教えてくれたり、手づくりのわさびの葉の漬物をふるまってくれたり（これが

130年の歴史を持つ名湯を、どなたか引き継いでくれないものか。

またおいしかった！）庭を案内してくれたりと、なんだか４００円しか払っていないことが後ろめたくなるようなやさしいおばあちゃんなのだ。思うに鉱泉宿っておばあちゃんがいるところが多い気がするなぁ。いい鉱泉宿にはいいおばあちゃんがいる。まるでセットのように。これはひとつの法則なのかもしれない。

「柳沢鉱泉 清水屋」源泉の温度は６・３℃と冷たい。これをじっくりと時間をかけてわかすわけだけど、おばあちゃんによるならば、あまりに湯が濃厚なため、普通のようにボイラーでわかすとボイラーが故障してしまうのだそうだ。ボイラーのメーカーの営業マンが「これなら大丈夫」と太鼓判を押したボイラーでもダメだったそうで、だから加熱した熱線を湯にくぐらせた特殊なヒーターでじわじわと加温しているとのこと。

と、まぁ、先客がいたから（湯船はひ

ヘンな名湯♨

柳沢鉱泉　清水屋

泉質　マグネシウム・カルシウム・ナトリウム - 炭酸水素塩・塩化物冷鉱泉

住所　栃木県 那須郡那須町大字高久乙 1894-20

電話　0287-78-0703

料金　500 円

営業時間　10:00 ～ 17:00

定休日　無休

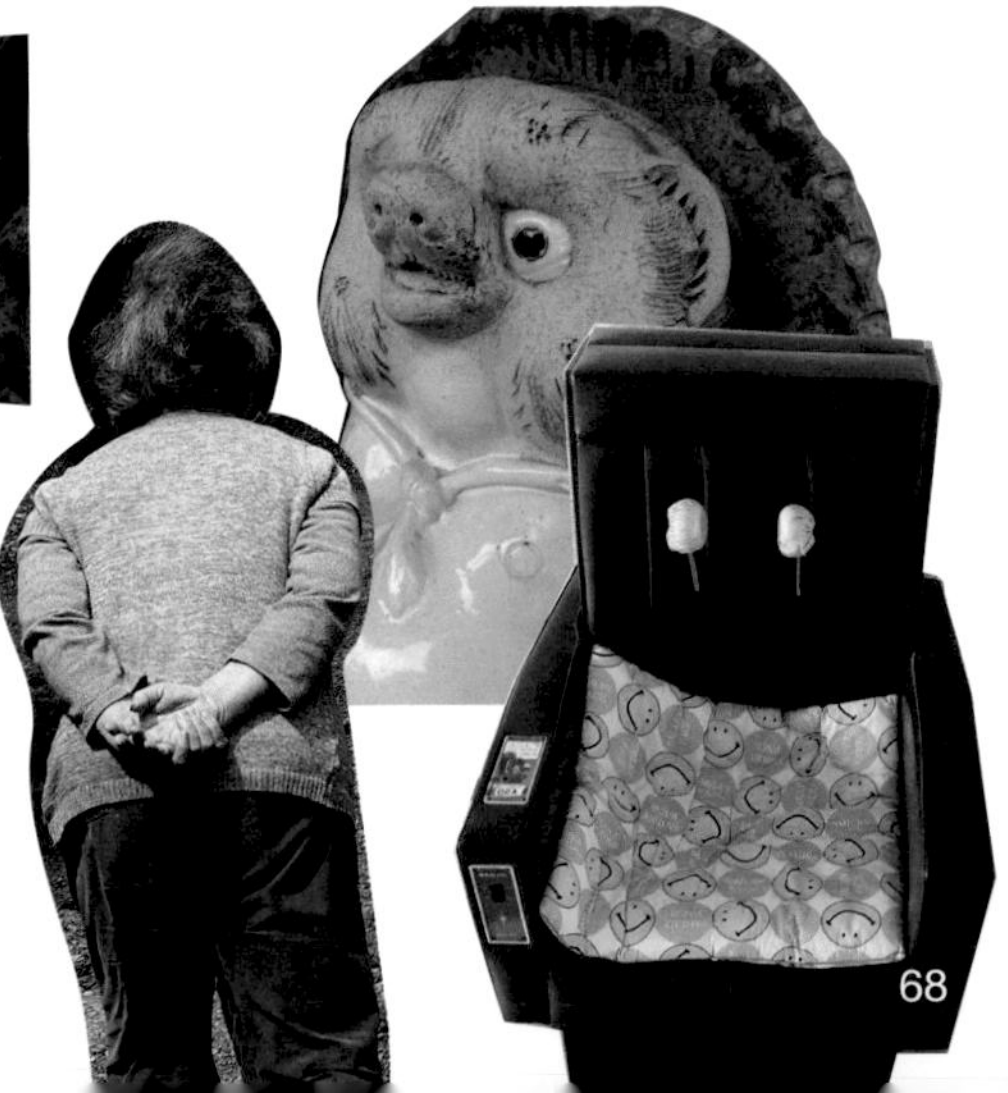

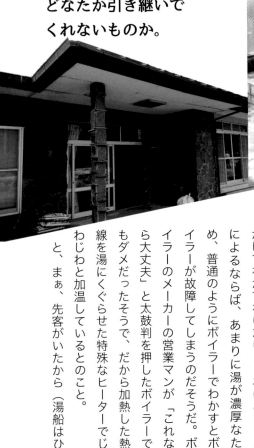

とつのみなので、異性が入っている場合は待つことになる）、湯に浸かる前におばあちゃんからいろいろと話を聞けたので、それを聞いた上で浸かった湯はよりすばらしく感じられた。すべすべ感がある浴感。身体がじわじわと温まっていく。そりゃあ、そうだよねぇ、ボイラーが使えないほど濃厚な湯なんだから。

　ここはそんな名湯の「膜張メッセ温泉」だったりするわけだけど、実は、おばあちゃんの代で終わってしまうかもしれないのだ。ここを継いでくれる人がいないのだという。１００年続いてきたこの湯を終わらせてしまうのは辛いけれど、……と、おばあちゃんがいっていた。う〜ん、どなたか手を差し伸べてくれないものだろうか。ホント、すばらしい極上湯なんだから。

ボイラー泣かせだけど、身体が芯までじわじわ温まる名湯だ！

光の具合で湯は美しいオレンジ色に。

いい鉱泉宿にはいいおばあちゃんがいるという法則？

浴室に神社がある温泉、西山温泉の老沢温泉旅館（P49）。お寺の中にある温泉、日光湯元温泉の温泉寺（P58）。さて、そんなふうに神社、お寺、ときたら残すところはあとひとつ、そう、教会ですよね。ご心配なく、ちゃんとありますよ。その名もズバリ「ハレルヤ山荘」。なんかちょっとできすぎな感じもしなくはないけれど。

それにしてもハレルヤと温泉って、なんていうかイメージ的にも言葉的にあわないっていうか、ホントにちゃんとした温泉あるんですかって、思わずプチっと疑いたくなるような気がしないでもない。そう思うでしょ？　でも、ご安心あれ。この「ハレルヤ山荘」、実をいうなら、もともとは「葉留日野山荘」という温泉宿だったのだから。さらにいえば日本秘湯を守る会の会員宿だったのである。で、その宿が廃業してしまい、それを山

神社、お寺ときたら教会でしょ？ハレルヤ、ハレルヤ！

ヘンな名湯♨　ハレルヤ山荘　群馬県

あなたもハレルヤしていかないかい？

の教会「日本バイブルホーム」が買い取って現在に至ったというわけだ。そんなわけで、温泉はそのまましっかり湯使いも引き継いで100%源泉かけ流し。うれしいじゃありませんか。

ゴスペルなんかでお馴染みのハレルヤという言葉は、日本語では「神を讃えよ」というような意味になるけれど、たとえばレナード・コーエンの世紀の名曲というべき「ハレルヤ」。なんと作詞に5年もかけたというその難解な歌詞の中で歌われるハレルヤという言葉には、いろんな意味が込められていて、そこらへんをボブ・ディランが大絶賛したそうだけど、ハレルヤという言葉に馴染みのない我々日本人には、語感的に「ハレルヤ＝晴れるや」みたいなところもあって、なんかやたらハッピーな言葉に聞こえますよね。

「ハレルヤ山荘」の湯は、そんな陽気で

カラッとした名前にふさわしく、浴感がさっぱりとした湯だったりする。ちょっと熱めでクセがなく、源泉かけ流しならではの鮮度があって、いかにもハレルヤな湯なのだ。ここはひとつ、チャペルで礼拝をして讃美歌を歌い、「ハレルヤ山荘」のさっぱりとした湯で身も心も清めてハレルヤモードを全開にするのもよいかもしれない。

もともとは「葉留日野山荘」という温泉宿だった「ハレルヤ山荘」。さらに遡れば小学校の校舎だったという。いわれてみればそんな面影も。

ヘンな名湯

Japan Bible Home

ハレルヤ山荘
泉質　弱アルカリ性低張性高温泉
住所　群馬県利根郡みなかみ町
　　　藤原 6289-4
電話　0278-75-2066
料金　400 円
営業時間　要確認
定休日　要確認

H 型の煙突が印象的な湯小屋。

もちろん、祈りを捧げる講堂もある。

見よ！このオーバーフローを！

滝の中から
リアルじいさん登場だ！

ヘンな名湯

袋田温泉　関所の湯　茨城県

ほら、「変なホテル」っていうのがあるじゃないですか。マスコミにも話題になった、フロントマンがロボットのホテル。やっぱりこっちだって「ヘンな名湯」なわけだから、ロボット温泉みたいなのがあったらいいなぁと思っていたところ、あったんですよ、北関東に。さすがにロボットが受付をしてくれるわけではないけれど、出迎えてくれる。しかもそのロボット。なんとリアルなじいさんのロボット。世の中どこいってもゆるキャラみたいなのがあふれている昨今、よくぞやってくれたって快哉を叫びたくなるようなリアルなじいさんロボットなのだ。30分に1回喋り出す。しかも、さりげなくお賽銭まで要求（仙人なのに！）してくるなかなか抜け目のないじいさんだったりするのだ。

でもさ、なぜよりによってじいさん？そう思うでしょ。実はこのじいさんは袋田仙人っていうんですね。仙人ってくればやっぱりじいさんじゃなきゃねぇ。ここらへんの名瀑である袋田の滝ゆかりの仙人なのかなと思って、そのじいさんロボットが出迎えてくれる「関所の湯」の人に聞いてみた。すると……

「あ、勝手につくったんで、とくにここらへんの伝説の人とかそういうんじゃないんです。」とのことだった。聞けば「関所の湯」は地元のこんにゃく工場さんがやっていて、工場にもじいさんロボットがあるのだという（ま、工場見学に来るお客さんへのサービスですね）。おんなじのを温泉施設にも置こうじゃないかってことでそうなったとのことだ。なぜじいさんにしたのかは結局わからずじまいだった。

そんな謎のじいさんが出迎えてくれる「関所の湯」は内湯と露天風呂、サウナ、水風呂がある。湯は循環湯でありながら、スベスベ感のある湯ざわり。ややぬる目でのんびりと長湯ができるやさしい湯だ。あのじいさんとはむすびつかない（笑）

おまけにここは食事がおいしい。奥久慈しゃも、刺身ゆば、凍みこんにゃくの天ぷらなどなど。なかでもオススメなのが、なんたってこんにゃく工場が経営しているだけあって、こんにゃくがおいしい。湯上りに瓶ビールと生芋味噌こんにゃくをいただきながら、30分に1回喋り出すじいさんの口上を拝聴する。それがここでの正しい過ごし方なのである。

関所の湯
泉質　ナトリウム - 硫酸塩・塩化物泉
住所　茨城県久慈郡大子町袋田 2642-7
電話　0295-79-1126
料金　700 円
営業時間　9:30 ～ 19:00
定休日　最終木曜、祝日の場合は前週木曜（1 月 1 日休）

茨城のナイヤガラといえば袋田の滝。てっきりこの滝ゆかりの仙人がいて、それがあのじいさんと思いきや、そんなゆかりの仙人なんかいなかった！　がちょーん！

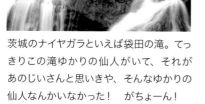

さすがこんにゃく工場の直営施設だけあってこんにゃくはうまい！　ここはやはり定番の芋味噌こんにゃくをいただこうではないか。

30分に1回、
じいさん登場だ！

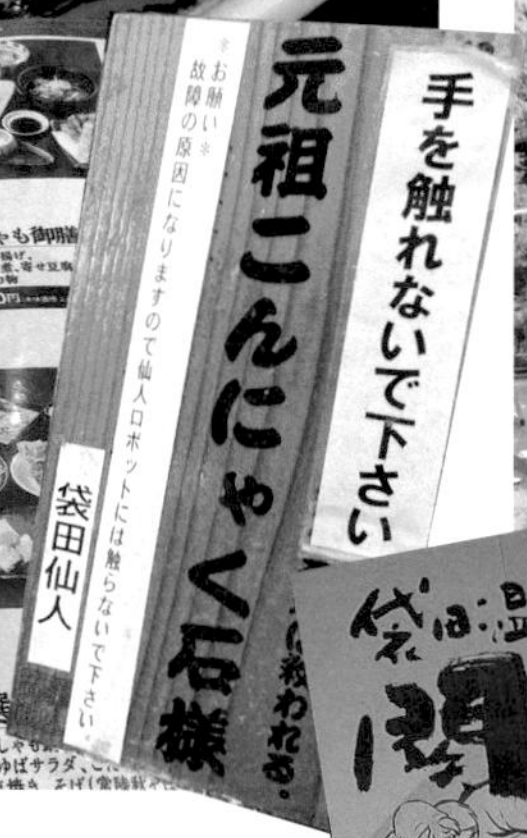

一度"あれ"に見えてしまったら"あれ"にしか見えない湯船が!

ヘンな名湯♨　大菅温泉元湯旅館　茨城県

大菅温泉は開湯三百年の歴史を誇る湯治場でもある。今は、田んぼがあってこんもりした山があって、ポツポツと農家があるだけという、いかにも日本の里山風景の中に、農家にまぎれて二軒の旅館があるのみの温泉郷だけど、そんなところの温泉旅館に泊まるっていうことは、飲むか、ゴロゴロするか、温泉入るかしかないわけで、こりゃあもう温泉好きにとっては心がワクワクしてしまう。しかもその旅館の外観に大きな温泉マークと「元湯」の文字がある。もぉ〜、否応なしに期待値がグンと上がってしまうのだ。

「大菅温泉元湯旅館」にいったその日は汗ばむぐらいの天気だったので、部屋に案内されてすぐ瓶ビールをオーダーした。まずはビールで喉をうるおしながらボォ〜っとして、それから温泉三昧しようと思ったわけだったけど、「ごめんなさいねぇ、こんなものしかなくって」と女将さんが瓶ビールと一緒に、なかなかの量の煮物の皿と漬物の皿を持ってきてくれたことに感動した。なにもいわずにさりげなく出してくれる。そしてまた、こういう素朴で茶色いツマミがうれしいんだよなぁ。もうそれだけで、ここはいい宿だ!　と確信した。

そんなわけでホロ酔い気味に大満足で浴室に向かったわけだけど、そこでもまた意表を突かれた。FRP製のなんともかわいくて味のある湯船がドドーンあったのだから（後になって知ったことだったけど、女湯の湯船なんですね。その日は泊まり客がボクひとりだったんで大きめの女湯に案内されたというわけだった)。

鉱泉を加温した湯だけど、浴感もスベスベ感がいい感じだ。ほんのりと硫黄の香りがただよっている。う〜ん、いいじゃないっすか。

しかし、あれだな。このユニークな湯船。なにげに〝あれ〟に似てないかい？ほら、われわれがいつもお世話になっている〝あれ〟ですよ。TOTOとかLIXILの〝あれ〟を巨大にした感じ。いや、こんな素朴でナイスな宿の湯船を〝あれ〟に似てるなんていいたくないけれど、いったん〝あれ〟に似てると思っちゃったら、もう〝あれ〟にしか見えないんだな、これが。「大菅温泉元湯旅館」さん、ごめんなさい（汗）。でも、それはそれでまたこのユニークなお風呂が愛

大きな温泉マークと
元湯の文字がうれしいなぁ。

おしくなってくるんだよね。だって、こんな湯船ほかにないもの。そしてまた、巨大な〝あれ〟に浸かるという忘れられない入浴体験にもなるしね。「ヘンな名湯」にご理解くださっている皆様なら、そこらへんの感覚をよぉ〜くわかっていただけると思いますが。

ヘンな名湯

大菅温泉元湯旅館
泉質　単純硫黄泉
住所　茨城県常陸太田市大菅町 261-1
電話　0294-82-2712
料金　600 円　宿泊 6,825 円〜
（1 泊 2 食付き）
営業時間　10:00 〜 20:00
定休日　無休

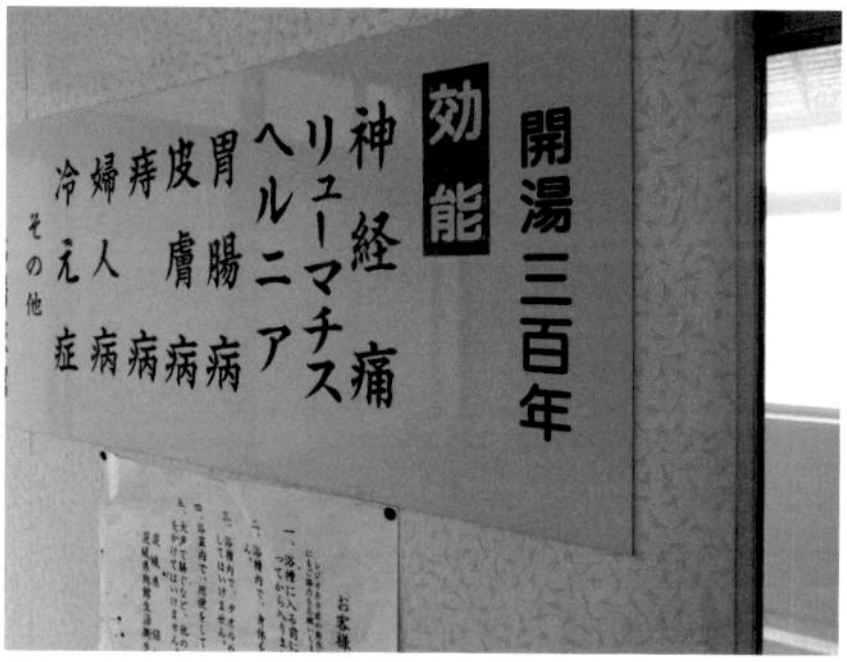

実は開湯 300 年を誇る歴史ある湯なのである。古くから愛されてきた湯だ。

瓶ビールを頼んだら一緒に出てきた煮物と漬物。こういうのがうれしいのだ。

これがウワサの女湯の湯船。男湯はごく普通の四角い湯船だったりする。

なのに、ソース焼きそばの味が

ヘンだけどおいしい温泉街グルメ。「那須塩原温泉郷のスープ入り焼きそば」

ラーメンじゃないよ。これは焼きそばなのだ。じゃあ、なぜラーメンどんぶりに入っていて、麺がラーメンみたいにスープに浸かっているのかというと、諸説ある。ハイ、まずは諸説1。お店のまかないメニューとしてそういうのがあったっていうんですね。それが裏メニューとしてだんだんとお店に出てきて、今では看板メニューとなったたっていうわけ。では諸説2はというと、その店の焼そばには中華スープがついていたんですね。そう、炒飯についてくるあれです。で、出前のときそのスープが揺れてこぼれてしまう。どうにかならないだろうか？　あ、それならスープと焼そばを一緒にしちゃったらいいんじゃね？　ほら、こうしちゃえばこぼれにくいじゃん。……てなわけで「スープ入り焼きそば」が誕生したのだという。

おもしろいのはこの「諸説1」「諸説2」のお店が「うちこそスープ入り焼きそばの元祖だ！」といってゆずらないそうで、いまだに「スープ入り焼きそば」の元祖がはっきりしないということだ。まぁ、こういうのはぜひとも未来永劫、お互いゆずらずにいてほしい。邪馬台国の場所は九州か畿内か？　いっそのこと、この論争に並ぶぐらいを目指してほしい。

さて、じゃあ、そのお味は？　というと、なんとほぼソース焼きそばの味なんですねぇ。これは実に不思議な感じ。実際に手にして食べているのはラーメンみたいなのに、口に入ってくるのはソース焼きそばであるという、トリック

那須塩原のもう一つのご当地グルメ「とて焼き」。カステラのような生地にいろんな具材（12種類）を巻いて売っているので、全種類制覇しちゃおう！

見た目ラーメン 間違いなく するじゃんねぇ！

「スープ入り焼きそば」で大人気の「こばや食堂」のご主人。実は「諸説1」のお店だ。おやじさん、おいしい「スープ入り焼きそば」をありがとう。このユニークな味を守っていってください！

那須塩原に
食べに来てね〜

塩原あかつきの湯温泉ソムリエであり、ひな研（詳しくはP138参照）研究員である阿部絵里さんもイチオシ。具は豚ばら肉とキャベツ。最初はソース焼きそばの味なのに食べていくうちにスープと混ざり合って味が変化していく。これが実にクセになる。さすがは那須塩原の陰謀である。

アートもかくやといいたくなる味なのだ。でもねぇ、おいしいです。とっても。ぜひとも食べてみてほしい。きっとあなたも思わず「ありだよね！この味」というに違いない。

そしてこの「スープ入り焼きそば」。ここ那須塩原もしかないから、これを食べるには那須塩原にいくしかないのだ。まさに那須塩原の陰謀というべき、やみつきグルメなのである。

たまらんスメルの誘惑。油臭マニアの涙がちょちょぎれるぞ！

ヘンな名湯　新津温泉　新潟県

たとえば酒好きの人がよく「よぉ〜し、今日はとことんガソリン補充するぞぉ！」とかいって飲みにいくじゃないですか。あれとおんなじように「ガソリン補充するぞぉ！」といって入りにいく温泉が新潟にある。と、ここまで書いて、もしもあなたが油臭がする湯がたまらなく好きだっていう、いわゆる油臭マニアならば、もうどこの温泉かおわかりだろう。そう、新潟県は新津本町の「新津温泉」である。ここはもう油臭マニアの聖地といっちゃっても誰も異論はないだろう。

もともここらへんは歴史のある油田の町だったりして、だから石油を掘るつもりで掘削したら温泉が出てきちゃったというわけで、まぁ、そういう経緯をもつ湯なのだから油臭マニアの聖地になるのも当然なのだ。

でも、油臭だけではない。うん、ここの湯のインパクトはスゴぃよ。湯に浸かったらあなただってきっと「う〜！」とか「あ〜！」とか声を洩らさずにはいられないだろう（もちろん濁点付きの「ゔ〜！」とか「あ〜！」である）。もちろんボクも思わず声を漏らした。

実は油臭だけではないのだ、ここの湯は。ちょっと飲んでみればわかる。ものすごぉ〜くしょっぱいから。いや、しょっぱいだけではない。もっとエグくて複雑な味。ともあれ濃厚な湯であることがよくわかる。湯に浸かったとたん、その濃厚な湯の成分が総動員で身

上のご注意とお願い
お一人での入浴が難しい方は、必ず同伴者とご来場
頂き、入浴されますようにお願いします。
長時間の入浴で、気分が悪くなったりする場合があ
ります。入浴時間は、ご自分の体調を鑑みて、時間を
設定されますようにお願いします。
本格的な温泉のために、石鹸が使えないものがあり
ます。ご容赦ください。
新津温泉
お客さんへお願い
従業員の清掃の為
午後七時の終了時刻
守り下さい!

体に染み込んでくる感じなのだ。だからというか、ここは地元の常連さんがひっきりなしにやってくるんだけど、湯に浸かりながら常連さん同士の話が弾むという、よくあるジモ泉での光景はここにはあまりない。そうではなくって、みんな声を漏らしながら、なにかに耐えているかのように湯に浸かっているのだ。つまりは、そういう湯なのだよ、ここはね。どうですか、そんなこと聞くとたまらなくいきたくなってくるでしょ？

　また、建物や湯船のひなび具合も実に味があって素晴らしいのだ。浴室の真ん中は楕円形の飾りっ気のない湯船がドンッとあっていかにも只者じゃなさそうな湯がけっこうな勢いでかけ流されている。湯口には網目の細かいネットがかぶされていて、これがないとときたまタールが混入するっていうのだから、油臭マニアが興奮するのも無理もないだろう。

　そんな湯だから湯上りの汗もなかなかひかない。驚くほどひかない。そしてまた、もしもあなたがジモの人で、そのまま人が地元の集まるところにいったならば、十中八九いわれることだろう。お、新津温泉に入ってきたね、と。そう、油臭が体に染みついているのだ。スゴい湯だよ、ここは。

新津温泉
泉質　ナトリウム - 塩化物・炭酸水素塩温泉
　　　(弱アルカリ性高張性高温泉)
住所　新潟県新潟市秋葉区新津本町 4-17-13
電話　0250-22-0842
料金　400 円
営業時間　7:00 ～ 19:00
定休日　無休

おいしくないけど
飲んでみて！

う゛〜
あ゛〜

人知れず不感温度のぬる湯に浸かる不思議な時間を公民館で。

ヘンな名湯

大塩温泉共同浴場　大塩温泉館　長野県

公民館に温泉がある。しかもそこのぬるい湯がいいって聞いたもんだからいってみたんだけど、そこはなかなか不思議なところだった。

「大塩公民館」「大塩温泉館」と併記された入り口を入ると、玄関のど真ん中に入浴料金が書かれた料金箱がある。その奥に男湯と女湯の入り口が見える。2階へと続く階段には「立ち入り禁止関係者以外」と書かれた札が黄色いプラスチック製の鎖にかけられていて、階段を登ることができないようになっている。ん？ ここ入ってよかったのかな？ と思ってしまうほど人の気配がない。田舎の公民館だから無人でも珍しくはないのだろうけれども、それでもこの規模の建物がまったく人の気配がなくガランとしているのはなんとも妙な感じなのである。

ま、料金も払ったわけだからさっそく温泉に浸かろうというわけで浴室へ。誰

もいない。なんの変哲もないタイル張りの湯船はふたつに仕切られている。ひとり入ればいっぱいの狭い湯船と、けっこう広めのゆったりとした湯船だ。そこにほとんど体温とおんなじ、いわゆる不感温度の湯がかけ流しされている。そう、源泉温度が低いのだ。で、実はここ、ちょっと変わったシステムで、14時から21時まで営業しているのだけれども、14時から15時までの1時間は加温なしの源泉温度そのままのかけ流し。15時以降は加温されて入浴に適した湯温でのかけ流しとなる。だからなのか、地元の人たちは適温になる15時以降にやってくるのだという。温泉好きのために加温しない湯を楽しんでもらう時間を設けたのだろうか？ いや、でも、そんな気の利いたことをするような感じの施設ではないんだけどね。

そんなわけで1時間じっくりと不感温

男湯
立入禁止
関係者以外
ごめんください～
どなたか
いらっしゃいますか～

オープンアタックで
不感温度を１時間、
くぅ～

度の湯を独泉で楽しんだ。湯船はより新鮮な源泉を楽しめるよう狭いほうの湯船に浸かって。湯は無色透明、わずかにタマゴ臭がして浴感はスベスベしていい感じだ。それにしても、あいも変わらず人の気配のないガランとした不思議な空気感が広い浴室を満たしていている。なんだろう、この不思議な感じは。昼下がり、まったく人の気配のないこの場所でこうやって人知れず不感温度のぬる湯に浸かっていると、ちょっとした浮遊感に包まれているようでもあるのだ。悪くないな、この感じ。うん、「大塩温泉館」気に入った。

　頭の中でふと井上陽水の「ダンスはうまく踊れない」の歌詞がリフレインしはじめる。♫夏の夜はすでに暗く蒼く　窓にみえる星の光近く、誰も来ないし誰も知らない。誰も来ないし誰も知らない、誰も来ないし誰も知らない……うんうん、悪くないな、この感じ。

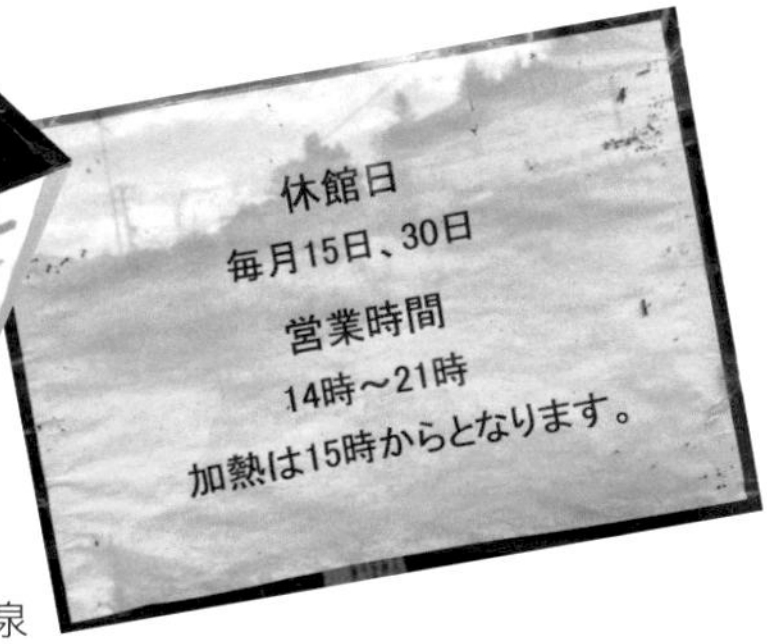

ヘンな名湯

大塩温泉共同浴場　大塩温泉館
泉質　カルシウム・ナトリウム - 硫酸塩温泉
住所　長野県上田市西内 150
電話　0268-42-1048
料金　200 円
営業時間　14:00 ～ 21:00
定休日　毎月 15 日、30 日が定休

その昔、信玄の隠し湯でもあった名湯を独り占めだ。

え？　これ、ローマ風呂だったとは、意表を突かれたなぁ！

ヘンな名湯

角間温泉　越後屋　長野県

ちゃんとマジックで
書いてあるもん！
ローマ風

ローマ風呂というのが日本全国にある。あなただって一度はその手の風呂に入ったことがあるのではないだろうか。いかにも観光向けの仰々しいあの類の風呂のことだ。

ところが思いもよらないローマ風呂があったりするのだ。長野県は角間温泉。旅館が4軒、共同浴場が3軒だけの、時間が止まったようなひなびた温泉街だ。そこのいちばんひなびた宿が越後屋で、かの吉川英治が愛した宿としても密かに知られている。

さて、そこに意表を突いたローマ風呂があったのだ。ボクも最初は気が付かなかった。そしてそこは不思議な風呂でもあった。タイル張りの湯船がお一人さま用のチェアのようになっている。そして源泉を注ぐ湯口がなぜだか、ずんぐりむっくりしたカエルだったりする。

でも、さすがは吉川英治が愛した湯。

熱めのさっぱりした湯で浴感もばっちり。シンプルながら毎日入れる飽きない湯だ。身体にフィットするチェア型の湯船に身を沈めてそのカエルの湯口なんかを眺めながら、名湯を堪能していたわけだけど、ふと、そばに置いてあった塩ビの桶を見たら……

え？ ここ、ローマ風呂だったの！？

その桶に油性マジックで殴り書きしたかのように「ローマ風呂」と書いてあった。なぬ？ と思いながら改めて浴室を見回してみると、かなりチープだけど窓枠の意匠がアーチ型だったりしてローマ風呂っぽくもある。

これ、ローマ風呂だったのか。カワイイ！ だって、なんかいじらしいじゃないですか。いかにも観光ホテルって感じの仰々しいローマ風呂じゃなくて、なんていうか隣のミヨちゃん的なローマ風呂。ステーキじゃなくってお茶漬けみたいなローマ風呂だ。いや、ここ、気に入ったな。なんかすべてが愛おしくなってくる。宿もひなびて味があるし、湯もとってもいいしね。

いいなあ、ここは！ 口に出していわずにはいられない。そうして、ボクはその後もこの越後屋で、珍しい和顔のヴィーナス像の湯口やら、蝙蝠柄のめっちゃシビレるタイルやらを目にすることになって、ますます、ここ越後屋を気に入っていくことになるのである。やるじゃんねぇ、越後屋さん！

よぉ〜く見ると確かにローマっぽい意匠が。

ローマ！
ローマ！
ローマ！

底面がチェアのようになっている変わった湯船。身をゆだねてカエルの湯口を眺めながら、吉川英治が愛した湯をゆっくり味わおう。

ヘンな名湯♨

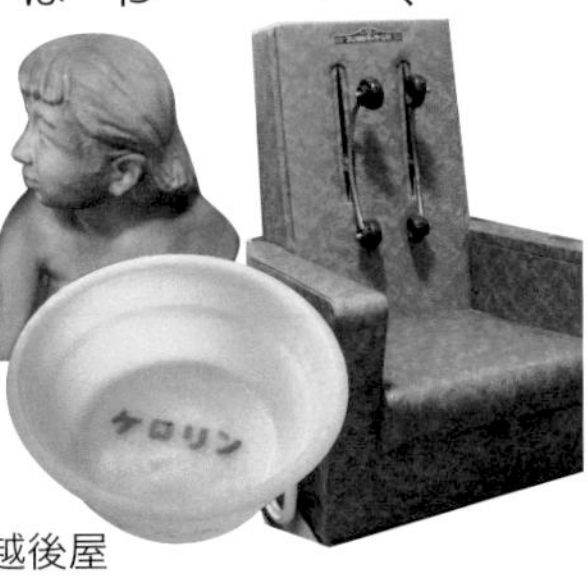

角間温泉　越後屋
泉質　ナトリウム - 塩化物泉
住所　長野県下高井郡山ノ内町大字佐野 2346-1
電話　0269-33-3188
料金　500 円　素泊まり 5,000 円〜
営業時間　要確認
定休日　不定休

蝙蝠柄のタイル！

ここより
お風呂場

スピリチュアルが堂々と市民権を得たのはそう古いことではない。今でこそパワースポットなんていわれるようになってスピ系女子だけではなく、普通の女子までもが押しかけるようになったけれども、昔はスピリチュアルなんて、ただただ怪し気なだけだったのだ。

　ところがそんな昔から堂々とスピリチュアル感満載に全面に出していた温泉旅館があった。神奈川県七沢温泉の七沢荘である。まず温泉をダウジングで掘り当てたってところからして、ほかの温泉旅館とは成り立ちが違う。わかります？　ダウジングって。ほら、昔よくテレビとかの超常現象番組でやっていたアレです。L字型の金属の棒を両手に持って、その動きで地下に埋もれる鉱脈とかを感知するやつ。アレで温泉を掘り当てた。しかもこの七沢荘は「ゼロ磁場」に建つ宿でもある。「ゼロ磁場」とは磁場がゼロ状態になった特殊なエネルギーが充満している場所のことで、あの伊勢神宮や高野山もゼロ磁場にあるといわれているのだ。で、そんな七沢荘の玄関を入ると巨大三波石なるでかい石が鎮座していて、マスコットキャラの和泉ななみの等身大パネル（？）が飾られている。だが、ここでひるんではいけない。さらに館内へと進むと、「宇宙パワーボックス」なる不思議なものが置いてある。なんでもその中にこもって瞑想をするとよいらしく、実際これに入って「宇宙旅行へ行って

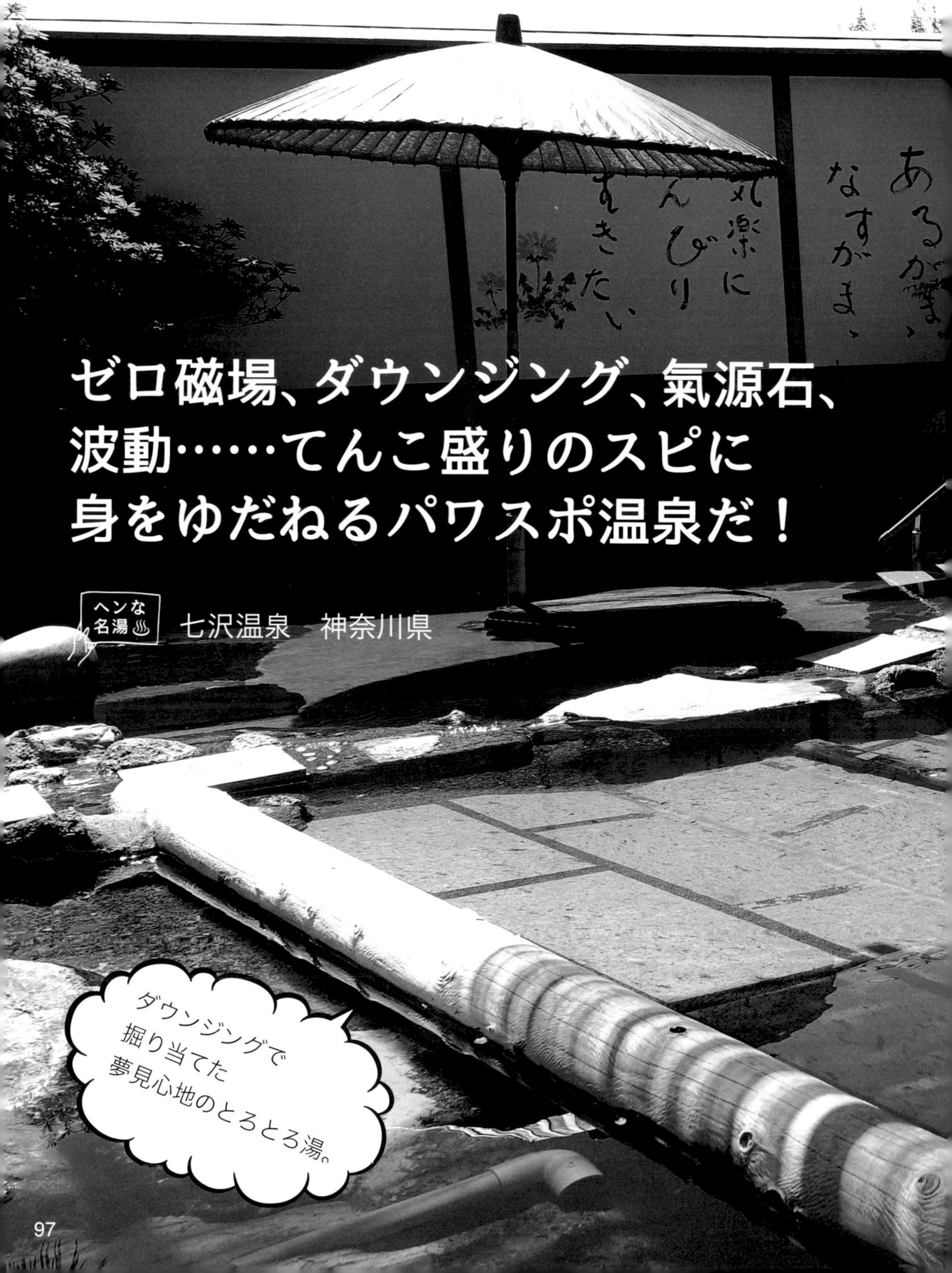

ゼロ磁場、ダウンジング、氣源石、波動……てんこ盛りのスピに身をゆだねるパワスポ温泉だ！

ヘンな名湯♨　七沢温泉　神奈川県

ダウンジングで掘り当てた夢見心地のとろとろ湯。

あなたもつかの間の宇宙旅行にいってみません？

きた気分になった」という人もいれば、「ずっと寝ててわからん」という人もいる。この「宇宙パワーボックス」は世界に3台しかない貴重なものなのだそうだ。ほかにも地球を癒すサターンバブラーとか、不老長寿の九宮飛びだとか、いろいろネタは尽きないんだけど、それらに触れているとページ数が尽きちゃうんで、そう、温泉に向かおう。

七沢温泉はｐｈ９・５超えの強アルカリ性のとろとろ湯で知られるが、ここ七沢荘には、そのとろとろ湯を氣源石なる石を敷き詰めた湯船で浸かっていただく「波動風呂」がある。氣源石とは源泉と薬草、土、そして「氣（！）」を鍋で炊き上げた石のことで大地の癒しパワーを発する石なのだとか。つまり「波動風呂」では極上とろとろ湯と大地の癒しパワーがダブルで堪能できる風呂なのだという。

ま、無理にわかろうとする必要はない。なにを隠そう七沢温泉の湯は全国美肌の湯ベスト9に選ばれた湯でもある。浸かれば理屈抜きに癒されるとろとろ湯だ。ここ、七沢荘に来たら、おっさんもおばさんも、もうスピ系女子になりきって素直にこのとろとろパワスポ温泉を楽しもう。パワスポの前では雑念は無用なのだから、ね。

七沢温泉　七沢荘
泉質　アルカリ性単純温泉
住所　神奈川県厚木市七沢1826
電話　046-248-0236
料金　1000円　宿泊8000円
（平日湯治プラン）〜
営業時間　8:00〜21:00
定休日　無休

源泉と薬草、土、そして氣を鍋で炊き上げた氣源石敷き詰めた波動風呂。

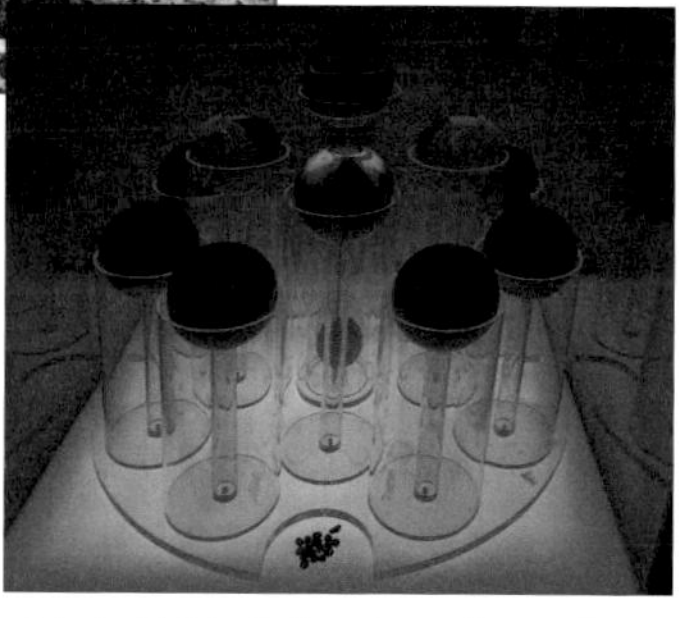

手をかざすと宇宙エネルギーを感じられるサターンバブラーは世界に９台しかないそうだ。

ヘンな名湯

日本で最大のカモフラージュ温泉って、呼んじゃってもいいっすか？

西伊豆町営やまびこ荘　静岡県

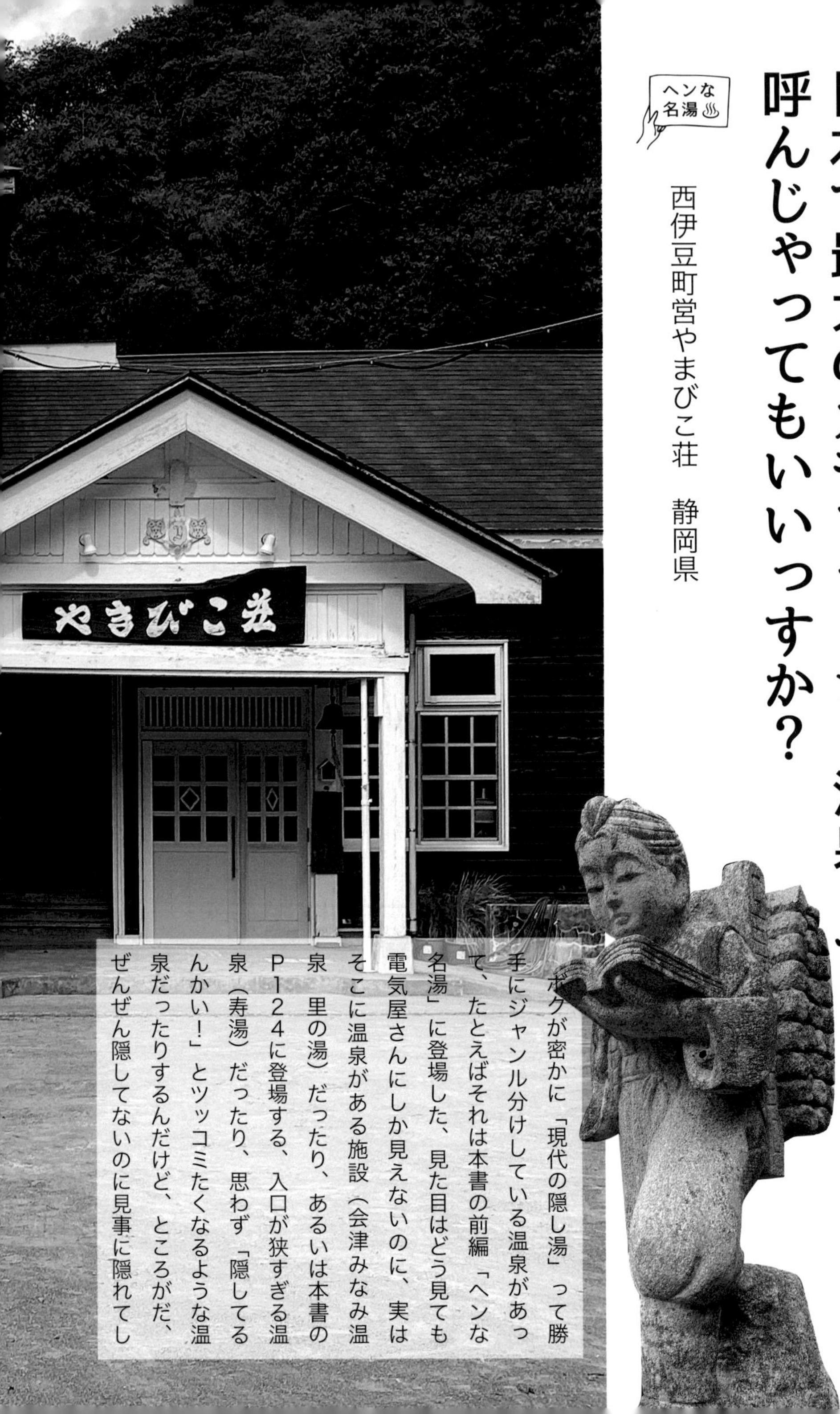

ボクが密かに「現代の隠し湯」って勝手にジャンル分けしている温泉があって、たとえばそれは本書の前編「ヘンな名湯」に登場した、見た目はどう見ても電気屋さんにしか見えないのに、実はそこに温泉がある施設（会津みなみ温泉　里の湯）だったり、あるいは本書のP124に登場する、入口が狭すぎる温泉（寿湯）だったり、思わず「隠してるんかい！」とツッコミたくなるような温泉だったりするんだけど、ところがだ、ぜんぜん隠してないのに見事に隠れてし

まっている温泉があるのだ。これを究極の現代の隠し湯と呼ばずになにをそう呼ぼう。まったく世の中は広いっていうべきだろう。

廃校になった小学校の校舎をそのまま利用して温泉付きの宿泊施設にした「やまびこ荘」は、当然といえば当然なんだけど、見るからに小学校みたいな外観なのである。昔懐かしき木造の校舎。入り口にはちゃんとかわいらしい二宮金次郎像も立っている。屋内に入れば、そこにはいかにも学校っぽい廊下があって教室が並んでいる。しかし実はそこが宿泊部屋だったりするのだ。おもしろいのは、その廊下の向こうに「ゆ」と白く染め抜かれた藍染の暖簾がかかっていることだ。その暖簾の向こうに完全源泉かけ流しの温泉があったりする。もともとそこは職員室だったそうだ。

そして外に出ればちょっとした運動会

え？？？
これが！？

いい湯だな、
アハハン♫

ができそうな校庭があって、その向こうには美しい水をたたえた25ｍプールがあって、それが山間の風景にのどかで平和な表情をあたえている。もう、なんていうか、なにもかもが小学校のまんまなのだ。

え？　その究極の現代の隠し湯とやらは、どこにあるんだって？

いや、あるんですよ、どこにも隠れてなく、堂々と目の前にあるんです。ほら、目の前のそれですよ。大滝詠一のアルバムのジャケットに登場するみたいな色鮮やかな25ｍプール。実はこれ、プールじゃなくって、巨大な源泉かけ流しの湯船だったりするのだ。よく見ると、ちゃんと源泉がドバドバと注がれている湯口だってある。なんてスケールの大きいかけ流しなのだろう。

この元プールを利用した露天風呂はその広さゆえに源泉の温度が下がって30度といったところ。初夏から夏、秋の初めまでは実に気持ちのいい湯温だ。まぁ、でも、露天風呂っていっても、ここでじっと湯に浸かっているのは野暮というもの。これはもう思いっきり泳いで楽しんじゃうしかない。

校舎の中にある内湯は完全な源泉かけ流しで浴感も素晴らしい。39℃の源泉だから長湯もできる。露天で泳いだ後はじっくりこっちで湯に浸かる。それが、ここ「やまびこ荘」での正しい過ごし方っていうべきだろう。

西伊豆町営やまびこ荘
泉質　カルシウム・ナトリウム・
　　　硫酸塩温泉
住所　静岡県賀茂郡西伊豆町
　　　大沢里 150
電話　0558-58-7153
料金　400 円
　　　宿泊 3520 円（素泊まり）～
営業時間　12:00 ～ 17:00
定休日　無休、プール温泉は
　　　　3 月 1 日～ 11 月 31 日

ちゃんと湯口があって、そこからドバドバと源泉が。ちゃんと源泉かけ流しの露天風呂なのだ！

内湯は源泉100%かけ流し。蛇口にびっしり付いた析出物が湯のよさを物語っている。

迫りくる古代ギリシャのおっさんの顔の正体は？

ヘンな名湯

坂井温泉　湯本館　愛知県

知多半島に
古代ギリシャ人現る！

温泉の湯口でもっともポピュラーなものといえば間違いなくライオンだろう。そもそもなぜライオンなのか？　おそらく古代ローマの公衆浴場の装飾あたりがルーツなのではないか。そういう西洋の定番の装飾がハイカラな装飾としてありがたがられて明治後期から大正、昭和の初期にかけて日本の温泉の湯口として定着したのではないかと。してみるならば、古くは古代エジプトやメソポタミア文明において力の象徴とされたライオンが、西洋で定番の装飾となり、それが極東の国ニッポンで温泉の湯口として定着していったというわけで、その〝遥かなる旅路〟を想うと、あの源泉を口からじゃばじゃばと出しているライオンがなんとも愛おしくなってくるのだ。

　さて、愛知県の「坂井温泉湯本館」という温泉旅館には、ライオンではなく、古代ギリシャ人みたいなおっさんの顔の湯口の温泉がある。もう一度いおう。古代ギリシャ人のおっさんの顔だ。これもまた明治後期から大正、昭和の初期にかけてやってきたハイカラ趣味の名残なのだろうか？　いやいやいや、絶対違うと思う。そうであるならば他のところにも少しは残っているはずだろう。古代ギリシャ人のおっさんの顔の湯口なんて「坂井温泉湯本館」以外で見たことも聞いたこともない。

　ここのお風呂は白湯と冷鉱泉を沸かした湯。まずは浴室入ってすぐの白湯に入ろう。すでに地元の方だろうか。狸のようなおじさんが湯に……。ん？　いや、おじさんではない、狸の置物が湯につかっているではないか！

　そういえば玄関から、ここ5Fの浴室に来るまでの所々に狸の置物が飾ってあったなぁ。さっすがは常滑焼の町だなぁ……。いやいやいや、狸の置物とい

白湯の湯船にはすでに先客が。と、思いきや、なんと狸の置物が湯に浸かっていた。そういえばやたら狸の置物が置いてあるし。信楽焼？　いやいや、ここ、常滑焼の街じゃなかったっけ？

えば常滑焼じゃなくて信楽焼じゃなかったっけ!?　常滑焼は招き猫じゃん。

ま、いっか、きっとここの人は狸が好きなんだろう。ということにして白湯で身体を温めてから冷鉱泉の方へ。おおお！　いらっしゃいましたよ、古代ギリシャ人みたいなおっさんの顔の湯口。思ったよりもでかい。湯船の大きさを考えると、あきらかにアンバランスだ。ここはオーシャンビューの開放感がある浴室だったりするんだけど、浴室の中は、鉄分たっぷりの真っ赤な湯がはられた湯船に古代ギリシャ人おやじの顔が迫りくるという、なんとも異様な空間。う～む、いい味出してるじゃんねぇ。

ぬるめの赤い湯に浸かりながらフト思った。そうか、この赤い色、まさに常滑焼の色だなぁと。狸の置物と常滑焼はむすびつかなかったけれど、思わず湯の色と常滑焼がむすびついた。

温泉の湯口は顔が命です！

ヘンな名湯♨

坂井温泉　湯本館
泉質　ナトリウム鉄(II)・塩化物炭酸塩化物泉
住所　愛知県常滑市坂井西側1
電話　0569-37-0006
料金　500円　宿泊8,800円～
営業時間　11:30～20:00(要確認)
定休日　不定休

旅館を出るところで、ここの女将のおばあちゃんがいたので立ち話しながら古代ギリシャ人のおっさんの顔の湯口について聞いてみた。

　あれはギリシャ人なんですか？　すると、爆笑するおばあちゃんの口から、まさかの答えが……。

「あれはただの適当な顔よ。誰でもないのよ。適当につくっただけ」
　マ、マ、マ、マジっすか？　温泉好きの間では「古代ギリシャ人のおっさんの顔の湯口」というだけで「ああ、坂井温泉湯本館」ね、と、話が通じちゃうほどなのに、あれは、何人でもない。適当につくっただけだったとは……。
　最後に衝撃の真相がわかって、その驚きの余韻と、あの赤湯のぬくもりの余韻を噛みしめながら、ボクは駅までの道を歩いた。

あなた、
何者ですか？

窓からは素晴らしいオーシャンビューが目を楽しませてくれる。

あ〜、鉄分たっぷりな
湯だなぁ〜。

テニスコートの片隅で、台所の流しみたいな湯船で起こる小さなミラクルに興奮せよ！

ヘンな名湯♨　櫛田川温泉　魚見の湯

もうずいぶんと遠くになってしまった昭和の時代。ちょうど今の団塊の世代の人なんかの青春時代のこと、東京で暮らすたいていの若者は風呂なしのアパートに住んでいた。風呂は銭湯で済ませていたわけだけど、銭湯代もすっからかんになると、台所の流しに沸かした湯をはってそこに浸かったなんていう猛者がいたとか、いないとか。

……と、たとえるならばそんな感じなのである。「櫛田川温泉　魚見の湯」のことである。ここはテニスクラブの中にあるという珍しい温泉で、露天風呂といえば露天風呂なんだけど、ステンレス製の風変わりな湯船の露天風呂で、大小のサイズがある。日帰り入浴をする場合は事前予約が必要で、人数に応じて大小いずれかの湯船に湯をはってくれる。で、そこのひとり用の湯船がまさに台所の流しもかくやといいたくなるような湯船な

あれれ？
テニスコート
なんですけど…
櫛田川温泉
露天風呂

のである。

　その実物を見たならば誰もがまず「小っちゃ！」って思うことは間違いない。いや、ホント、笑っちゃうぐらいに小さい。でも、それがいいのである。この源泉は25・1℃で、予約すると適温に加温された湯を湯船にはってくれるわけだけど、加温湯と源泉そのままの蛇口があって、それで湯温を好きにコントロールできる。いずれにせよ、この湯船のサイズだからこそ新鮮な源泉を贅沢に楽しめるのだ。というわけでやっぱりここは源泉そのままをドバドバ投入。いや、湯が一気に冷めていくけど気持ちいいなぁ。たまりません。しばらく源泉そのままドバドバ投入を楽しんで、水風呂みたいになってきたから今度は加温源泉をドバドバ～ッと投入。湯温が一気に上がっていく。こんな贅沢できるのもこの湯船のサイズだからなんですね。新鮮な

古きよき昭和の時代。台所の流しに沸かした湯をはってそこに浸かったなんていう話をよく聞いたもので、それを彷彿とさせるかのようなステンレスの湯船が愛おしくなってくる。

かくしてミラクルが起きた！　ミクロのような泡で湯がみるみるうちに白濁していって、浴感がシルキー風呂みたいになっていく。これは知らなきゃ損です。ぜひ試してみてくださいね。

源泉がまるで身体を通り抜けていくみたいに気持ちがいいのだ。

と、よろこぶのもつかの間、ミクロのような泡で湯がみるみるうちに白濁していった。これがまた浴感がぐんとアップする。う〜ん、大げさにたとえるならばシルキー風呂みたいな感じか。そしてまた、湯温が上がることによって、湯の香りが立ってくる。ほのかな硫黄の香りが鼻をくすぐるように立ち上がってきたのだ。ありゃま、こりゃたまらんねぇ。小さなミラクルとはまさにこういうことだ。

もともとここは会員制のテニスクラブでオープン当時は水道水のシャワーはあったけど温泉なんかなかった。でも、お客さん思いのオーナーが、テニスで汗を流した後はシャワーだけじゃなくって温泉に浸かるっていうのもいいんじゃないかと思い付き、思い立ったが吉日とばかりに、いきなり温泉を掘ったのだという。でも、そうはいっても三重県松阪市だから、まぁ、牛は名産だけど温泉はあまり聞かない。だからなかなか温泉が出てこなくてけっこう深く掘ってやっと出たのだという。

それにしても平日の昼下がりにこんなふうに台所の流しもかくやといいたくなるような湯船で、みるみる白濁していく極上湯を楽しんでいる。しかもここはテニスコートの片隅なのだ。なんという非日常感。なんだか愉快で笑いが止まらなくなってくるねぇ。

櫛田川温泉　魚見の湯
泉質　アルカリ性単純温泉
住所　三重県松阪市魚見町 47-1
電話　0598-59-0121
料金　400 円
営業時間　13:00 〜 18:00
（要事前予約）
定休日　要事前確認

手術室

とある病院の中に温泉があるのだという。「ヘンな名湯」ハンターとして、まずそこにグッときたけれど、それよりもさらにグッときたのは、その温泉がある場所だった。なんでもその温泉は、その病院の3階にあって、エレベーターで上っていくと、ちょうど手術室の向こうに温泉があるというのだ。そう、手術室の向こうにある温泉。どこにどうグッときたのかと聞かれても答えられないけれど、その「手術室の向こうにある温泉」というシチュエーションにぐっときた。理屈抜きに。だってねぇ、手術室と温泉ってあまりにも結びつかないものでしょう？ でも、その病院では、現実として手術室の向こうに温泉があるっていうんだから、まずはそれを見てみたい。廊下に立って、そのシチュエーションの意外さをこの身で感じてみたい。まずはそう思ったというわけだ。

というわけで、さっそくその病院にいってそこに立ってみた。どうだったか？……ていうと、ちょっとボクの妄想が暴走していたようで、あ、いや、実はボクの中ではですねぇ、手術室の向こうのドドーンと「ゆ」と白抜きされた藍染の暖簾がかかっている、そんな光景がいきなり目の前に現れるかもしれないと。期待しすぎちゃったわけだけど、実際は、確かに手術室の向こうに温泉はあったのだけど、そんなふうにドドーンと暖簾がかかっていたわけではなくて（ま、そりゃあそうですよね）、普通にリハビリ室があって温泉はその中にあるようだった。

でも、いろんなリハビリマシーンなんかが並ぶリハビリ室の中に、まわりとはかなり浮いた感じに「白龍温泉」の入り口があったところには心が小躍りした。おお、いいねぇ、ちゃんと男湯と女湯の

ヘンな名湯

テンションも上がる、手術室の向こうにある温泉!?

白龍温泉　中嶋医院　三重県

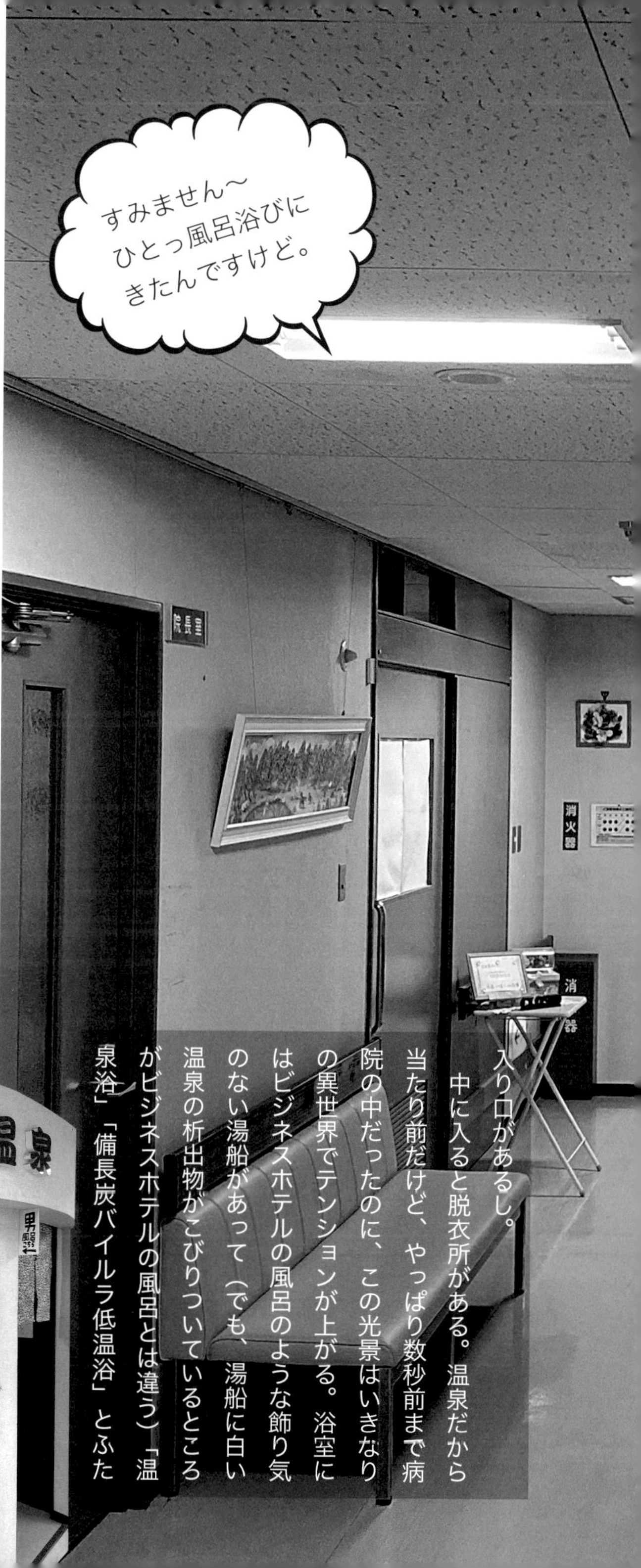
すみません〜
ひとっ風呂浴びに
きたんですけど。
院長室
消火器

白龍温泉

入り口があるし。

中に入ると脱衣所がある。温泉だから当たり前だけど、やっぱり数秒前まで病院の中だったのに、この光景はいきなりの異世界でテンションが上がる。浴室にはビジネスホテルの風呂のような飾り気のない湯船があって（でも、湯船に白い温泉の析出物がこびりついているところがビジネスホテルの風呂とは違う）「温泉浴」「備長炭バイルラ低温浴」とふた

中嶋医院
土·日·祝祭日も診療中
NAKAJIMA HOSPITAL

温泉浴

つに仕切られている。

　さっそく湯に浸かってみると、肌触りがさらりとした無色透明のクセのない湯で悪くない。まぁ、病院ですからね、ここに強烈な硫黄臭の肌触りピリピリの温泉があったらちょっとねぇ。いや、でも、それはそれで荒療治っぽくておもしろいかもしれないけど。たぶんこの温泉に入る人の多くはリハビリを終えた人だと思うけれど、この温泉は楽しみのひとつになるだろうなぁ。リハビリ、辛いですからね。手術前にひとっ風呂なんて、そんな人もいたら愉快だなぁ。もしくは、○○さん、頑張って。この手術終わったら温泉が待ってますよ♡……なんて、看護士さんが患者さんに声をかけているシーンとかあったりして。

　と、かなり勝手な想像しながら、なんだかんだ言って1時間ほど入浴を楽しんだ。ウンウン、いいじゃないっすか。温泉だけじゃなくって、病院の中の（しかも手術室の向こうの！）温泉に浸かるっていう非日常感に浸れるのも魅力ですね。

入り口に入るといかにもな病院の受付。「温泉入りたいんですけど」とは聞きにくい雰囲気。直接3階で受け付けてますから、まずはエレベーターへ。

泉質　炭酸・水素塩泉
住所　三重県度会郡玉城町蚊野21480-8
電話　0596-58-7067
料金　260 円
営業時間　8:30〜18:00（土曜日は〜12:00、日曜日・祝日は〜17:00）
定休日　木曜日

とても病院の中とは思えない脱衣所の中で。

温泉の川に浸かっているような、冬限定のダイナミック温泉だ！

ヘンな名湯♨　川湯温泉　仙人風呂　和歌山県

紀伊半島は名湯の宝庫である。ところが紀伊半島には活火山がない。いったいそれらの名湯はなにを熱源としているのか？　実はそこにスゴい秘密が隠されている。確かに紀伊半島には活火山はない。でも、１４００万年前にここで巨大なカルデラ噴火があったっていうんですね。それはもう、世界の地質学史上でも最大規模の超巨大噴火だったそうで、なんと、その名残で今でも紀伊半島の地下１㎞～20㎞のところに、とてつもなく巨大な熱い岩があるそうなのだ。その大きさ、なんとなんと神奈川県とおなじぐらいというのだから驚きだ。だから紀伊半島にはそれを熱源としたいい温泉がいっぱいある。まぁ、地質学的な難しいことは省いて、紀伊半島の地下には熱い神奈川県があって、だからいい温泉がいっぱいある。なんのこっちゃ？　ですけど、そう覚えておきましょう。

と、わざわざそんな話をしたのも、そんな紀伊半島ならではの（なんてったて地下に熱い神奈川県ですからね）スケールのでかい温泉を紹介したかったから。それが川湯温泉の泉仙人風呂だ。なんと、川をせき止めて、川を温泉にしてしまう、冬季限定の巨大露天風呂。今年もまたダイナミックにオープンしたので、ここはひとつ、我がひなびた温泉研究所（詳しくはＰ１３８参照）の主任研究員であり、関西中の温泉に日々入りまくっている今中宏明氏（Ｐ１１６）のレポートで紹介したい。

ここはですね、河原を掘って川をせき止めてつくった日本一巨大な露天風呂なんですね。12月から2月まで期間限定で、なんと無料で入れる温泉なんです。おもしろいのは、ここは川底からプクプク湧き上がってくる70℃以上の自噴泉を、川の水で適温にしている温泉なの

で、いろんなところから熱い源泉が湧き上がってくる。だから、カップルや家族連れ、老若男女を問わず、みんながあちこちで『あちっ』『きゃ〜』『わー』『こえ〜感じやは〜』とか楽しそうに声をあげているんです。そんなワイルドな巨大露天風呂の中で自分の好みの場所を見つけて浸かるのがここの楽しみ方。

熊野川の支流大塔川のせせらぎと底から湧き出す泡を楽しみながら時の経つのを忘れてしまいます。混浴ですが水着やタオル巻きで入るので川遊び感覚で楽しめる温泉ですよ。ただ、冬なので湯上りに早く服を着ないと非常に寒いので、大きなバスタオルを用意して、さっと水着から服に着替えれるような用意をしておくとよいと思います。こんな楽しい温泉が無料で入れるんですから素晴らしいですね。

桶はありませんから自前のケロリン桶などをご持参くださいませ。下流側に脱衣室付きWC無料駐車場完備。ぜひご贔屓にお願いします。

どうですか？　まるで温泉の川に浸かっているようなダイナミックな気分になれる全国にも珍しい温泉。湯も名湯・川湯温泉の源泉ですから間違いなし。スゴいなぁ。さすがは地下に熱い神奈川県！　スケールが違いますね。

ヘンな名湯♨　川だよ！川！川！

川湯温泉　仙人風呂

泉質　ナトリウム―炭酸水素塩・塩化物温泉

住所　和歌山県田辺市本宮町川湯

電話　0735-42-0735（熊野本宮観光協会）

料金　無料

開催時間　6：30〜22：00（要確認、天候や川、水温の状況により変更になる場合あり）

開催時期　12月中旬から2月（要確認）

川沿いにある「川湯温泉公衆浴場」。仙人風呂の後はここでしっかり身体を温めよう。いい感じにひなびた雰囲気は、これぞ公衆浴場だ。かすかな硫黄の香りとドバドバかけ流し。肌触りスベスベの名湯だよ。

川をせき止めちゃって
まるで川みたいな露天風呂を！
こんなの他でできますか？

あれ？この空間って？

いわばお寺の抜け殻を温泉施設にしたというわけで……

ヘンな名湯♨　西圓寺温泉　石川県

ん？　なんか、ここ、あれみたいだな。う〜ん、なんだっけ。見覚えがあるようなないような、この雰囲気は……あ！　お寺の本堂？　ここにお寺の仏像とかがあったってことだよね？

　はい、ご名答。そう、そうなんです。ここ、実は廃寺（しかも1473年創建の由緒あるお寺）をリノベーションして、なんと温泉施設にしちゃったっていう珍しい温泉なんですね。だから外観もお寺そのものなんだけど、中でも圧巻なのが元本堂だったレストランスペース。本堂といえばお寺の本尊仏を安置する場所なわけで、まさにお寺の中心部。当然、今は本尊仏は安置されていないけれども、だから逆に強烈に「なにか大切なものが足りない？」というような不思議なインパクトがある空間になっている。

　お風呂は内風呂と露天風呂、足湯がある。でもなぁ、この手の施設ってさぁ、

温泉は期待できないんじゃない？　って思っていなかったわけでもないので、湯船にはられた緑がかった褐色の湯を見たとき、おお？もしかして誤解してたかもしれないと心が疼いた。さっそく浸かってみると、しょっぱい塩化物泉。身体が心まで温まる湯だ。やるなぁ、元お寺！　いい湯じゃないですか！

なんでも2005年に住職がお亡くなりになって廃寺となった後、土地と建物が社会福祉法人に寄贈されたとのことで、この施設が誕生したそうだ。温泉施設だけでなく、デイサービスも行っていて、また、障害者を受け入れる支援施設でもあるのだとか。

なるほど、つまり、ここは廃寺になった今でも、古来からのコミュニティスペースであったお寺の役割を担っているというわけだ。そう考えると、さっき見た、あの本尊仏が不在の妙なインパクトがあった空間も、なにかひとつの意味をもったようなものに思えてくる。なんていうか、仏様はみんなの心の中にいる、みたいな教えの象徴のようなものに。

あ、ちょっとこじつけ過ぎかな？　ま、この湯をあがったら、あの不思議な空間でトンカツでも食べながら、しばし余韻に浸ってみよう。

ヘンな
名湯♨

西圓寺温泉
泉質　塩化物泉
住所　石川県小松市野田町丁 68
電話　0761-48-7773
料金　400 円
営業時間　11:00 ～ 20:00（金曜日・
土曜日：11:00 ～ 21:00）
定休日　毎月第 2 第 4 木曜日、
1/1 ～ 1/3

お風呂は内湯と露天風呂と足湯の３つ。
身体が心まで温まる塩化物泉だ。

昔ながらの手作りの梅干しや味噌なども
売っている。

幅60センチ、
長さ8メートルの
ありえな～い！
通路を抜けていくと……

狭すぎるぜ！　熱すぎるぜ！　大好きだぜ！

ヘンな名湯♨　東郷温泉　寿湯　鳥取県

こんなふうに変わった温泉ばかりを追いかけていると、よくいわれることがあるのだ。「マツコの知らない世界」に出れば？と。

いや、実をいうならここだけの話、ボクも呼んでくれないかなぁって思っているのだ。で、ひとつやってほしいことがある。ほら、あの番組で、たまにスタジオにセットで再現とかするじゃないですか。屋台のお店だとか。あんな感じに再現してもらいたいものがあるんです。それはなにかっていうと、東郷温泉、寿湯の入口通路を。あの異常なほど狭い通路を前にしてマツコさんが「なんなのこれは！あたしに喧嘩売ってるの？」とセットを破壊するところを見てみたい。

どのくらい狭いのかっていうと、幅がだいたい60㎝ぐらい。普通の体格の成人男子がひとり、ぎりぎり通れるくらいの狭さで、そんな狭さでありながら通路の

BX350
寿湯通路

おもしろいなぁ、
ジモ泉って。

お湯は止めないで下さい。
水を使用後完全に止めて下さい
湯の中にタオルを入れないで下さい 湯の中で体を洗わないで下さい!! おねがい!!

長さは、なんと8m近くもあるのだから、これは閉所恐怖症の人はかなりツラいですよ。

　でも、その狭くて長い通路を抜けると素晴らしい湯があるのである。ただし激熱だ。塩分も含んでいるからより肌にビシッとくる。それがまたいいんだよねぇ。激熱の名湯は全国にいろいろあるけれど、自分的には、ここのビシッときてシャキッとする激熱湯は、温泉津温泉元湯の泉薬湯の激熱湯に並ぶぐらいに好きかもしれない。

　寿湯の湯船は年季の入ったタイル張りの正方形の湯船。実にシンプルだ。そこに析出物をびっしりとまとった蛇口から熱々の源泉がじゃばじゃば注がれている。その湯船に罰ゲームのように身を沈めしばらく耐える。ビシッビシッビシッ！　なんていうかここの湯はそのビシビシ感がそこらへんの激熱湯とは違う気がする。で、耐えきれなくなって上がると、実に爽快なのだ。そしてなかなか汗が引かない。いんやぁ、もう、クセになる湯なんですね。

　あの異常に狭い8mもの通路を通って、罰ゲームみたいな激熱湯に浸かる。そして身体をほてらせながら、ふたたびあの通路を通って帰る。なんていうかその一連の流れがこの寿湯の非日常的な入浴体験だったりするのである。いや、というのも、実をいえば裏から入ればあの狭い通路を通らなくても済むのだから。でも、それじゃあ寿湯に入ってきたとはいえないなぁ。やっぱりここは、あの狭い通路とセットで楽しむところなのだからね。

狭く長い通路を抜けると……、あれ？　暖簾がしまわれている？　やってないのか？　ご安心あれ。ちゃんとやってますよ。いつもここはそうなんです。

ヘンな名湯

東郷温泉　寿湯
泉質　含弱放射能-ナトリウム-塩化物・硫酸塩温泉
住所　鳥取県東伯郡湯梨浜町大字旭404
電話　0858-32-0039（理容シミズ）
料金　200円
営業時間　8:00～20:00
定休日　第1・3月曜日

熱いです。とっても。でも、ここの激熱湯、クセになりますよ〜。

遊歩道の道端の
日本でいちばん古い露天風呂は、
見事に復活していた！

ヘンな名湯　妙見温泉　和気湯　鹿児島県

怪僧ラスプーチンっていましたよね。ロシアの皇后をたらしこんでロシア帝室に取り入り影の権力を握った怪しい僧侶が。日本でも奈良時代に似たような人がいたんです。道鏡という僧侶で、この人も時の女帝をたらしこんで権力を掌握し、宇佐八幡大神から御神託が下ったと嘘をついて、なんと自分が天皇になろうとした。でも、どうも怪しい。そこで真相を確かめるために和気清麻呂という人が宇佐八幡大神に遣わされて、本当にそんな御神託があったのかを確かめたところ、やはりそれは嘘であることがわかった。そんなわけで道鏡の野望は潰えたわけだけど、そのことで道鏡の怒りをかった和気清麻呂は、足の腱を切られて島流しにされてしまう。さらには道鏡が送ったヒットマンに命を狙われたりもしたのだけど、その度に宇佐八幡大神のご守護によっていろんな奇跡が起こって助かる

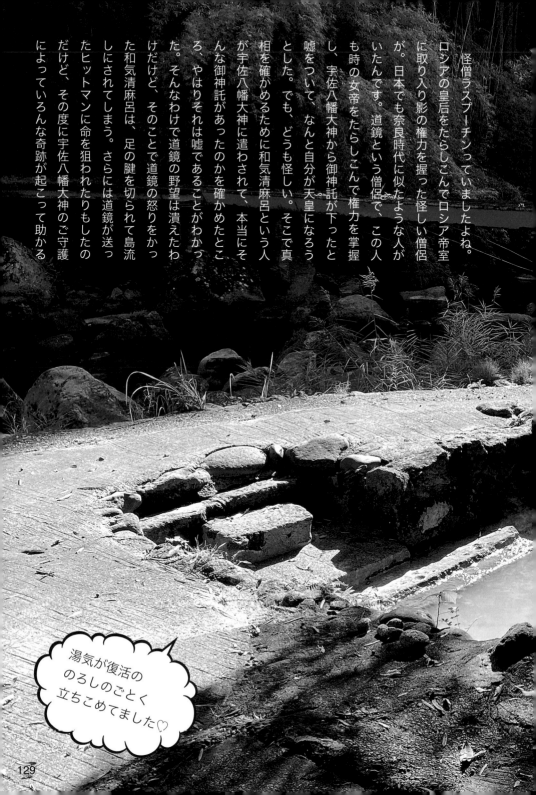

湯気が復活の
のろしのごとく
立ちこめてました♡

んですね。まぁ、そんなエピソードが残されていたりするわけなんですが、その和気清麻呂が宇佐八幡に詣でたときに入った露天風呂というのが、「和気湯」として今も鹿児島の妙見温泉に残されているんです。

現在、その「和気湯」は個人所有の温泉として管理されていて、ご好意で一般にも開放されている。ただ、そこは、近くの犬飼の滝に至る遊歩道の道端で、囲いも脱衣所もなく丸見えなので、ある意味入るのは敷居が高い。でも、ハズレのない妙見温泉ゆえに湯も素晴らしく、しかも足元湧出湯なので、丸見えをものともしない温泉マニアの間では評判の湯だったりするのだ。

で、そんな「和気湯」は、近ごろまで源泉の湧出量が減っていて入れない状態がずっと続いていた。ところが最近になって復活したと聞いたので、さっそくいってみた。

「和気湯」は日によって湯の色が変わったり、湯温がぬるくなったりと、いろいろ聞いていたので若干の不安があったけれども、そんな不安は無用だった。それというのも、もう、遠目に見てわかるぐらいに湯気がもうもうとあがっていたのだから。湯の色も緑がかった褐色でいかにもいい感じだった。ムフフ。これは間違いない。

さっそく浸かってみると40℃ぐらいの適温だった。浴感もさすがは足元湧出湯。素晴らしい。緑がかった褐色のいかにも身体に効きそうな湯。でも、これがときには澄んだ湯にもなるっていうのだから驚きだ。よく温泉は生き物だなんていわれるけれど、まさにそんな湯だなぁと、復活した「和気湯」に感慨深い思いで浸かっていたら、風向きが変わって湯気がさらにもうもうと立ち上がってきて、その湯気に閉じ込められるように包まれた。まるで「生きているよ」と答えたかのように。う〜ん、なんだろうねぇ、この温泉は。和気清麻呂公にまつわる伝説を持ち、日本最古の露天風呂ともいわれ、また、あの坂本竜馬がおりょうと一緒にこの地を訪れたときに浸かった温泉だともいわれている「和気湯」。でも、それらは史実としてはあやふやで本当にそうだったかはわかっていない。ただ、ボクはこの神秘的な湯気に包まれながら思うんですね。このなんともミステリアスな温泉は、そういう伝説を引き寄せているのではないだろうかと。そんな温泉だからこそ、これまで何度も枯渇の危機にさらされながらも、ボランティアの人々に大切に手入れされながら、こんなふうに元気に復活したりしているのだ。この道端の半分野湯のような状態のまま、未来永劫続いていってほしいなぁ。

「和気湯」は自噴の足元湧出湯。地底から湧き上がってくる源泉と一緒に泡がぷくぷくと昇ってくる。ああ、地底のパワーをいただいているんだなぁって思える素晴らしい温泉なのである。

ヘンな名湯♨

妙見温泉　和気湯
泉質　炭酸水素塩泉
住所　個人所有の温泉なので、あえて記載いたしません
電話　なし
料金　寸志
営業時間　日没以降入浴不可
定休日　無休

和気清麻呂公の身に起きた奇跡のひとつに、どこからともなく300頭のイノシシが現れて先導してくれたという伝説がある。そんなことから近くの和気神社の狛犬はイノシシだったりする。

楽しく湯治に来てね。元気バリバリ!!
泉です ☎(0996) 38-1155

世界一のナゾ、
恐怖の電子風呂のナゾに
惹かれてやってきた温泉は……

ヘンな名湯♨　市比野温泉　世界一温泉　鹿児島県

ほほう〜、
世界一ですか〜
湧き出る最高の源泉!!そのまま
世界一

なによりもまず聞きたかったのが「なにが世界一なのか？」ということ。だってねえ、自ら堂々と「世界一温泉」だなんて名乗っているんだから気になるじゃないですか。というわけで、受付にいたおばちゃんに聞いてみたのだ。すると秒速で「うちは電子風呂が世界一なの」と答えが返ってきた。いやはや、そうなのか。実はボクがこの「世界一温泉」にいってみたかった理由はふたつあった。ひとつは、冒頭でいったように、なにが世界一なのか知りたかった。そしてもうひとつはこの「世界一温泉」にある怪しげな「電子風呂」に興味があったからだった。よく銭湯とかで「電気風呂」っていうのがある。見かけは普通の風呂なんだけど、微弱な電流を流してあって、湯に浸かるとピリッとくるあれである。けれども「世界一温泉」の「電子風呂」とやらは、それとは全然違っていて、湯船がなんと金属製で、上からなにやら電極みたいなのがぶら下がっていて、風呂に入る人は自らその電極を手で引っ張って湯船に入るというのである。マジっすか。そんなことをした瞬間、ビリビリビリビリッと感電死するんじゃないだろうか。そもそも金属製の湯船の電子風呂っていうところからして恐ろしい。……と、そんな「電子風呂」が実際どんなものなのかこの目で見てみたかったのである。ところがおばちゃんによれば、その「電子風呂」が世界一なのだという。世界一の電子風呂！　かくしてボクはおばちゃんに入浴料を払って、もう好奇心がこすれば爆発してしまうような状態で浴室へと向かったのである。

　浴室の扉を開けると大きな岩風呂が目の前にあったけれど、それには目もくれず「電子風呂」に真っ先に向かったことはいうまでもまない。そして、そこに確

かに大きな金だらいのような風変わりな湯船があったのだ。恐る恐る湯に浸かってみた。うん、いい湯じゃないか。それから恐る恐る上にぶら下がっている電極を手でつかんで「ええい!」っと湯船に浸けてみる。ん? 感電死どころか、とくになにも感じないぞ。どこかに電源スイッチとかがあるのかな? とあたりを見回したけれどもとくにそのようなものはない。けっきょく腑に落ちないままに「電子風呂」に浸かっていたけれど、湯はいい。ほんのりとタマゴ臭が香るとろみのある湯で素晴らしかった。今ひとつ釈然としない気持ちが残ったけれど、ま、あれだね、よくスーパー銭湯なんかに「壺湯」というのがあるけれど、今自分はあれの風変わりなやつに浸かっているって思えばいいのかな。あまり細かいことは気にしないことにしよう。いや、ホント、湯はいいですからね。

「世界一温泉」にはこの「電子風呂」の他に、岩風呂の内湯、それと露天風呂があった。いずれも完全源泉かけ流しが楽しめる。それと、気持ちが「電子風呂」へといってしまっていたから、「電子風呂」のことしか書いていないけれど、ここ「世界一温泉」は造園業者が経営している温泉だったりして、そのためか、敷地や館内、浴室内まで、いたるところにけったいな石像が置いてある。白馬の像から謎の少年像、相撲取りやタヌキ、そして訴えられるレベルの◯ッキーマウスまで。いや、これがB級感満載で楽しい。愛おしくなってくる。あなたがもし珍スポ好きの人であるならば絶対に大満足するだろう(あ、しつこいけれど湯もいいからね)。

帰りしなにおばちゃんに「電子風呂」の電極のことを聞いてみた。するとあの電極は湯に浸かりながら身体の血行をよくしたいところを棒でマッサージするようにして電極をあてるといいそうだ。なんだ、そっか。それはやってみなかったなぁ。今度来たときは試してみよう。おばちゃん! いい湯だったよ!

興味津々だった「電子風呂」、そして世界一の「電子風呂」はその利用法がよくわからずじまいだったけれど、いい湯でしたよ。風変わりな「壺湯」っていったところでしょうか。

ヘンな名湯

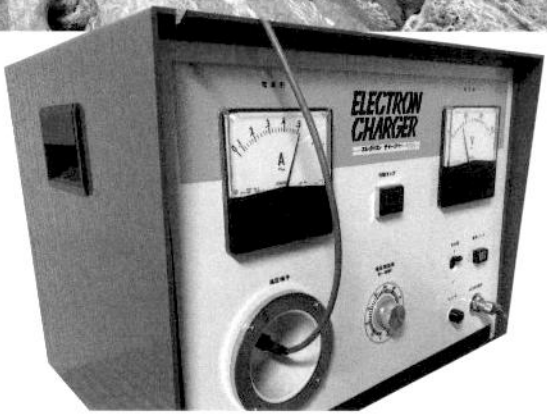

わかりました！
あんたが大将！
あんたが世界一ですわ！

市比野温泉　世界一温泉
泉質　単純温泉
住所　鹿児島県薩摩川内市
　　　樋脇町市比野 1173-1
電話　0996-38-1155
料金　500 円
営業時間　10:00 ～ 22:00
定休日　無休

ふぅ。長い旅が終わった感じである。前編も含めてこの「ヘンな名湯」シリーズを書くために2年間ちょっと、「ヘンな名湯」を求めてあちこちの温泉を巡ってきた。いや、もうホント、普通の温泉には戻れない。身も心もヘンな温泉じゃないと満足できなくなっている。

それにしてもいっぱいあったなぁ。実際、本に載せたのはぜんぶで61ヶ所。載せなかったものや、候補に上げたものを含めればもっともっとあった。いやぁ、探せばあるもんだ、さすがは日本だと感心したものだったけど、そんなふうに「ヘンな名湯」をいつもいつも探していると、おのずとひとつの思いがむくむくと自噴泉のごとく湧き上がってくるのである。とてもシンプルな疑問だ。

いったい世界はどうなんだろう?

世界は広い。日本でこれだけ「ヘンな名湯」があったんだから、世界にはもっともっとあるはずだろう。日本は世界でもまれな温泉大国だったりするけれど、それはすなわち火山大国でもあるからだけど、たとえば同じ火山大国であるイタリアやニュージーランドにもやっぱり温泉はたくさんある。逆に火山がないイギリスなんかはほとんど温泉がない。そんなんことをつらつらと考えているうちに、いったい温泉は世界にどんなふうに分布しているのだろう。と、気になってきてネットであれこれ調べてみると、なんとなんと、ディープで常識はずれな「ヘンな名湯」が期待できそうな東南アジアだとか、めっちゃワイルドな「ヘンな名湯」がありそうなアフリカ大陸の下の方とか、南米のアンデス山脈あたりだとか、ぁるようですねぇ、温泉が。なんてったって世界です、世界ふしぎ発見ですからね、度肝を抜かれるようなものすごく「ヘンな名湯」がありそうじゃないですか。やばいな、これは。もしかするとみなさんに次お会いするのは「世界のヘンな名湯」の紙面かもしれない。取材にどれくらいかかるのだろう。旅費はいったいいくらかかるのだろう。ん？　なんだか「あとがき」っぽくなくなってきたぞ。

まぁ、妄想はこのくらいにして、こんなふうにもう普通の温泉には戻れないボクに、どうかみなさん、「ここにもヘンな名湯あるよ」みたいな情報がありましたらぜひとも教えてくださいね。マグロやカツオのような泳ぎ続けないと生きていけない回遊魚のように、ボクは「ヘンな名湯」じゃないともうダメなのですから。

最後に前編・後編とこんなけったいな温泉本を世に出してくれた、みらいパブリッシングのみなさまに感謝申しあげます。世界編、いきますか！

いらっしゃ〜い！
ひなびた温泉研究所
ひな研
ごめんくださ〜い！

がんばれ！
ニッポンの
ひなびた温泉！

ようこそ！
ひなびた温泉研究所へ！

ひなびた温泉研究所は、温泉本作家の岩本薫が主宰する、日本のひなびた温泉をみんなで盛り上げていくコミュニティ。愛すべきニッポンのひなびた温泉。でも、その多くが廃業の危機にさらされているのもまた事実です。ひなびた温泉研究所は、そんなひなびた温泉をみなさんと一緒にプロジェクトやイベントを通じて、ひなびた温泉をサポーターのように盛り上げていきたいと思っています。なくしてはいけない昔ながらのひなびた温泉。あなたも一緒にニッポンのひなびた温泉を元気にしていきませんか？

温泉好きのみんなで盛り上げて、
日本のひなびた温泉を元気にしよう！

日本のひなびた温泉を元気にする、こんなプロジェクトも！

日本百ひな泉

有名な「日本百名山」のように「日本百ひな泉」を選定するプロジェクト。ひな研・研究員みんなで AKB 選挙のように百のひなびた温泉を選んで、それをみんなで共同執筆して一冊の本にまとめて、全国の本屋さんで販売する。

作家の深田久弥が「日本百名山」を著した。それが後世になって独り歩きして登山者の憧れの山になっていますよね。百名山を制覇する人も後を絶ちませんし、ガイドブックやアプリが出たり、深田久弥のファン組織が新たに「日本二百名山」を選定したりと、多くの人に親しまれています。

同じように「日本百ひな泉」を選定し書籍化して、いい感じの独り歩きをさせていきたい。そうすることで、毎年廃業していく全国のひなびた温泉を救うことにつながっていくかもしれない。そんな思いを込めたひな研の協業プロジェクトです。

このプロジェクトの詳細はホームページをご覧ください。
https://hinaken-kentei.info/hundred-pj.html

ひなびた温泉研究所に入ると
どんなことがあるの？

　ひなびた温泉研究所の研究員になると、いいこと、楽しいことがいっぱい！ひな研オリジナル温泉グッズや、研究員の証である認定証や名刺がもらえたり、また、ユニークな協業プロジェクトや楽しい交流イベント、湯巡りツアーなどに参加できます。ひなびた温泉好きのみなさんが、もっとひなびた温泉を楽しめるような企画もいろいろと実施していきたいと思っています。楽しさで日本全国のひなびた温泉を盛り上げていきましょう！

架空の温泉旅館のタオルを再現した赤いオリジナル温泉タオル！

レトロなライオンの湯口をデザインしたオリジナルトートバッグ！

研究員の証のオリジナル名刺や缶バッジ、認定証もあります。

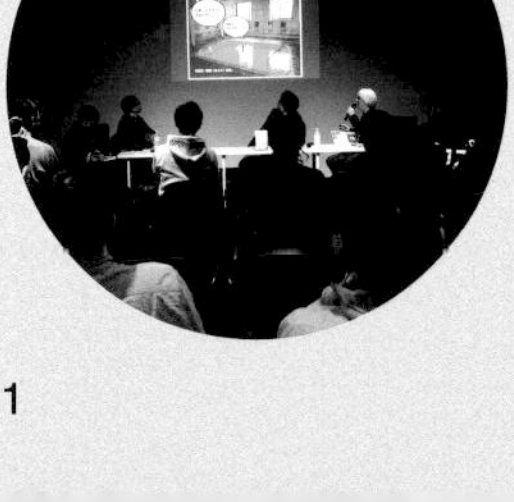

ネット検定試験を受けて
ひな研・研究員になろう！

ひなびた温泉研究所／研究員募集サイト

https://hinaken-kentei.info

ひなびた温泉研究所の研究員になるにはネット検定試験を受けていただきます。
ただし、この検定試験は参加者をふるいにかけるためのものではなく、検定試験をクイズみたいに楽しんで、温泉に興味を持って研究員になっていただきたいということを目的としているので、制限時間内であれば、答えをネットで調べながら答えても OK です。
みなさまのご参加をお待ちしております。ニッポンのひなびた温泉を元気にするのは、あなたです！

＼ あなたのご参加、待ってま～す！ ／

がんばれ！
ニッポンの
ひなびた温泉！

岩本 薫（いわもと・かおる）

ひなびた温泉研究所ショチョー

1963 年東京生まれ。本業のコピーライターのかたわら、web マガジン「ひなびた温泉研究所」を運営しながら、日本全国のひなびた温泉をめぐって取材し、執筆活動をしている。普通の温泉に飽きたらなくなってしまい、マニアックな温泉ばかりを巡っているので、珍湯、奇湯、迷湯など、ユニークな温泉ネタに事欠かない。
「BS 日テレ／中川翔子のマニア☆まにある」「文化放送／くにまるジャパン・おもしろ人間国宝」「テレビ神奈川／サタミンエイト」「TBS ラジオ／安住紳一郎の日曜天国」「FM ラジオ JFN PARK ／ Please テルミー！マニアックさん。いらっしゃ〜い」「KawaiianTV ／ひらめけ！デンキッキ」「NHK ごごナマ」等メディアに多数登場。著書は「ひなびた温泉パラダイス」「戦後期武将が愛した名湯・秘湯」「ヘンな名湯」

Web マガジン「ひなびた温泉研究所」http://hina-ken.com/

もっとヘンな名《めい》湯《とう》

2020 年 1 月 22 日　初版第 1 刷

著　者　岩本 薫

発行人　松崎義行
発　行　みらいパブリッシング
〒 166-0003 東京都杉並区高円寺南 4-26-12 福丸ビル 6 F
TEL 03-5913-8611　FAX 03-5913-8011
写　真　岩本 薫
発　売　星雲社（共同出版社・流通責任出版社）
〒 112-0005 東京都文京区水道 1-3-30
TEL 03-3868-3275　FAX 03-3868-6588
印刷・製本　株式会社上野印刷所
日本音楽著作権協会許諾番号 1913764-901

ISBN978-4-434-27022-2 C0076

掲載の情報は発行時現在のものです。参考程度にごらんください。予告なく変更されたり、廃業や営業が休止されることもありますので、ご利用時にはなんらかの方法でご確認されることを強くおすすめします。また著者のウェブサイトも、ぜひ併せてごらんください。